自分に嫌われない生き方

谷口たかひさ

KADOKAWA

「他人」に嫌われない生き方をしていませんか？

プロローグ

20代の頃、自分のことが1番嫌いでした。お金のためにビジネスばかりしていました。その頃が人生で1番ツラかったです。

ですが現在は、自分のことを好きで生きています。そして、日本の国会や国連総会、TEDにまで呼ばれ、16か国で約2000回講演をさせて頂けるようになりました。

30代で家も持たず、何の仕事をしているのかうまく説明できない僕に「酒は飲んでも飲まれるな（自戒を込めて）」以上のことを言えるか不安ですが……

あらためて、大人になった皆さまへ、考えて頂きたいことが5つあります。

1

人生でブチ当たる問題に
「正解」はない

2

「お金」ではなく「時間」を軸に
物事を考えてほしい

3

「自分でコントロールできるもの」と
「自分でコントロールできないもの」を区別する

4

先人への「感謝」は忘れず、
かといって「従う」必要は全くない

5

あなただけは、
「あなたの味方」でいてあげてほしい

1　人生でブチ当たる問題に「正解」はない

僕がイギリスに留学していたときに驚いたことは、**「正解のない問題」ばかりを問われ続ける**ということです。

思えば日本で教育を受けていたときは、**大人が決めた正解探し**ばかりをしていました。だから自分がブチ当たる問題にも、「正解」を探したり、それっぽい「正解」をくれる「先生」を求めたりします。

だけど、あなたがブチ当たる問題に「正解」はありません。「先生」もいません。

「正解」は探すものではなく、つくるものです。

正解をつくるというと大げさに聞こえますが、**「自分の頭で考えて、自分で決める」**ということです。

あなたが一生懸命出した答えに対して、無責任に「○」や「×」をつけてくる人間がいますが、**絶対に責任をとってくれないでしょう。**

自分が決めたということが何より大事なんです。そして、**その決めた道を正解にする努力が。**

人は、人に決められると人のせいにするようになり、自分で決めると成長するようになります。

「自分で決める」ことをすると、自己肯定感（自尊感情）が高まります。自己肯定感は、自分で決めた（選んだ）数だけ高まると言われています。

2 「お金」ではなく「時間」を軸に物事を考えてほしい

お金を自分で稼ぐようになると、同じ年代の人と比べて自分が稼げているか気になることもあるでしょう。

だけど、お金はあくまでも「手段の1つ」にすぎず、**人生の目的は「幸せ」**であることを忘れないでほしいと思います。

1日8時間寝て、8時間働き、残りの8時間はプライベートだとすれば、人生の半分は働いていることになります。

お金のためにやりたくないことをやれば、残りの人生の最低半分の時間は楽しくない時間が約束されます。

やりたいことで稼ぐ努力をし、それに成功したなら、残りの人生の最低半分は楽しい時間が約束されます。

また、人は一生懸命稼いで貯め込んでも、**8〜9割ぐらいは結局使わず死ぬ**ことが統計でわかっています。

これはつまり、貯金をするために使った人生の時間の8〜9割はムダに過ごした、ということになります。

他の研究でも、「お金」ではなく「時間」を軸に物事を考える人のほうが幸せな人生を送れることがわかっています。

3 「自分でコントロールできるもの」と「自分でコントロールできないもの」を区別する

残念ながら、あなたには「自分でコントロールできないもの」が2つあります。

「過去」と「他人」です。

だけどちゃんと、「自分でコントロールできるもの」も2つあります。

「今」と「自分」です。

そのどちらに時間とエネルギーを注ぐかが、豊かでストレスの少ない人生を送れるかどうかを決めます。

4 先人への「感謝」は忘れず、かといって「従う」必要は全くない

あなたが生きている社会は、問題であふれ返っています。
それら「負の遺産」を残した先人たちを責めたくなることもあるでしょう。
一方で、先人たちから「恩恵」をたくさん受けていることも事実で、感謝を忘れるべきではないと思います。

その上で、先人たちに「従う」必要は全くないと思います。先人たちの常識によって今の問題が生まれたのですから、盲目に従うなら問題がなくなることはありません。

「感謝は忘れず、盲目に従うことはせず、自分の頭で考えて行動する」

それをできる人が、今ある問題を解決する希望です。

5 あなただけは、「あなたの味方」でいてあげてほしい

思春期の頃、兄を好きじゃない時期がありました。家にいると思うだけで、家に帰ることが苦痛でした。

お父さんとうまくいっていない時期もありました。できれば顔を合わせたくないと思っていました。

一緒に住んでいたパートナーがわずらわしく感じたこともあります。

経験したことのある人ならわかると思いますが、こういうときのストレスはハンパじゃない。

だけどこれらの比じゃないぐらい、人がストレスを感じることがあります。

それは――

「自分のことが嫌いになる」ということ。

人生で1番長く付き合っていくのは自分ですし、自分からは24時間逃げられないので、考えてみればあたりまえのこと。

だけど、こんなにあたりまえで大切なことを、ないがしろにする人の何と多いことか。

ただ、僕もそうでした。20代はとてもツラい日々だったのですが（ストレスで1日1本ジンを飲む時期もありました）、稼げていなかったわけでも、人に嫌われていたわけでもありませんでした。逆にビジネスを思いっきりやっていたので、人生で1番お金はあって、人にもチヤホヤされていました。

でもやっていることが、「金」か「夢」かわからなくなって、自分が自分のことを嫌いになりました。

僕はこの、もしかしたら人生で最も大切なことのために、スゴく気をつけていることがあります。

英ケンブリッジ大学の研究によると、「人は1日に35000回判断を行う」といいます。この毎日無数に繰り返す判断を、**僕はどちらを選べば自分のことを好きでいられるか**を基準に決めるようにしています。

どちらが「他人に好かれるか」でも、「儲かるか」でもなく、「自分が好きでいられるか」。それ以外のことは一切考えません。

「他人に好かれること」も「お金」も、結局は手段でしかなく、**目的は「幸せになること」**。他人が自分の人生に責任をとってくれることはないですし、お金で買えるのは値札が付いているものだけ。

であれば、幸せのために1番大切なことは先にあげた通り「自分に嫌われないこと」

なので、あたりまえと言えばあたりまえのこと。

この本では、約100か国を訪問してたどり着いた、人生で最も大切な「自分に嫌われないこと」についてお伝えしたいと思います。

正解か間違いか、優れているか劣っているか、良いか悪いかといった話ではなく、あくまでも1つの価値観、選択肢、生き方として。

自分を好きでいる。
人生でそれ以上に大切なことなどない。

あなたの「成功」ではなく、「幸せ」を心より祈っています。

谷口たかひさ

第1章

自己肯定感
～あなたには「自由」と「権利」がある～

CONTENTS

第2章 時間とお金

～本当に価値のあるものは？～

CONTENTS

第3章

死生観
～君はどう死ぬか～

CONTENTS

第1章
自己肯定感

～あなたには「自由」と「権利」がある～

Q.1 世界で最も過酷な仕事は？

「世界で最も過酷な仕事」と題したアメリカの動画があります。
架空の求人を行い、実際に面接している様子を映しています。

その求人は簡単ではないけど、とても重要な仕事。
役職は「現場総監督」。

基本的に立ち仕事で、時には屈みっぱなし。
勤務時間は基本的に週7日、24時間勤務。
休憩時間はなし。休暇もなし。

この職務には非常に高い交渉力と、コミュニケーションスキルが必要。
さらに必要なのは、医学・財務管理・調理の高い能力。

そして、この役職には給与がない。

「違法じゃないの？」「悪い冗談だ」「ヒドすぎる」「非人道的だ」

面接官が説明するその仕事のあまりにも過酷な条件に、求職者たちは、次々にそういった言葉を口にします。

しかしその面接官によると、この仕事に従事している人が今もいるとのこと。
それも何十億人も。

さて、この仕事は何でしょうか？

答えは「お母さん」。

この答えに、面接を受けていた人たちは驚嘆しながらも納得し、次々にお母さんへの感謝の言葉を口にしながら、泣き崩れました。

何度見ても、自分のお母さんの背中が頭に浮かんでは、涙があふれてきます。

この動画は、世界中で瞬く間に反響を呼びました。家事を分担することがあたりまえになっていると言われている欧米でもそれだけの反響を呼んだということは、日本のお母さんたちの仕事量は、さらに想像を絶するものかもしれない。

「職業に貴賤はない」ということは大前提の上で、それでも僕は、子どもを産んで育てることより尊い仕事はないと思っています。

お母さんたちの**自由と権利**を守りたい。本気でそう思います。

日本では「義務」は教えるが「権利」は教えない

何で日本人の自己肯定感は低いんですか？

自己肯定感に関する質問を講演会でよくもらいます。

「日本では、義務は教えるが、権利は教えない」

ヨーロッパのある教育機関を訪問したときに、教えてもらったこと。
初めてこの言葉を聞いたとき、雷に打たれたような気持ちになりました。

それまでに自分が感じていた疑問のほとんどが、この言葉に集約されている気さえしました。今でも、自分の人生で聞いた言葉の中で、自分に影響を与えた言葉ベスト5に入っています。

①「やらないといけないこと」

②「やってはいけないこと」

日本では、物心ついてからというもの、家庭でも、学校でも、社会でも、この２つ（①あーしなさい！　②あれはダメ！）ばかりを人から言われ続けるといいます。

そうすると、その人の脳は「義務脳」という頭の半分が「やらないといけないこと」で、残りの半分も「やってはいけないこと」でいっぱいいっぱいになり、とても生きづらくなるそうです。

いわば、「減点方式」。

こども家庭庁の「国別の自己肯定感」によれば、日本の自己肯定感は、諸外国に比べて低いという調査結果が出ていますが、これが大きな要因であることは間違いないかと。

一方でヨーロッパは、「権利」をとても大切にするといいます。
「やっていい（やらなくてもいい）」

あなたの人生はあなたのもの。

義務を果たすために生きているロボットではないのだから。

いわば、「加点方式」。


日本には、「義務」で自分のことを縛りつけて生きていく人がとても多いように思えます。

それは特に、先ほどのクイズの答えでもあった「お母さん」に。


そうではなくて、自分の「自由」と「権利」を尊重し、他の人ともお互いの「自由」と「権利」を尊重し合い、ありたい自分であろうとすることが大切かと。

そんな人が自分から増えていったときに、自分も周りもとても明るく楽しくなると思います。

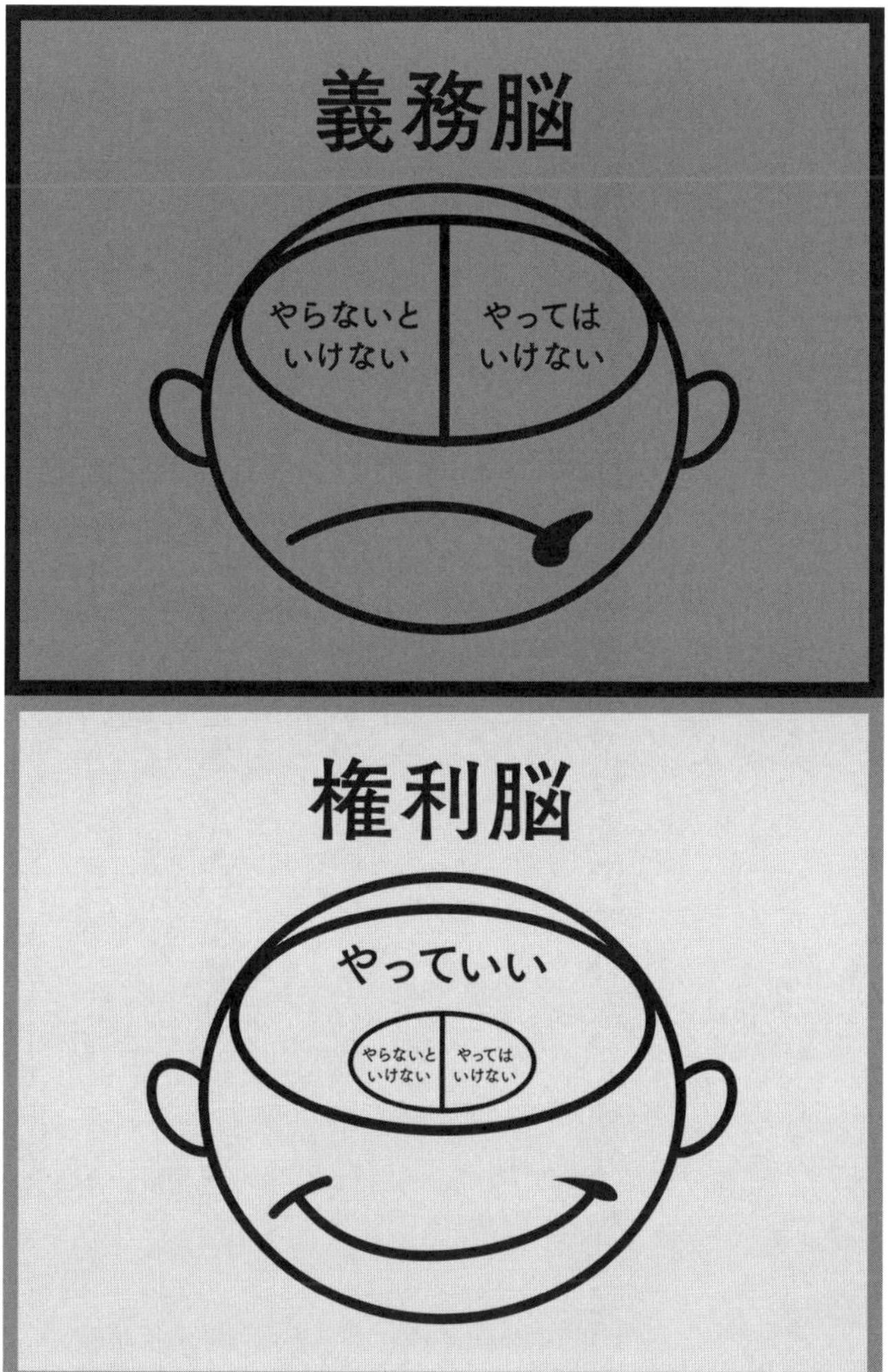
義務脳
やらないと
いけない
やっては
いけない
権利脳
やっていい
やらないと
いけない
やっては
いけない

また何かに取り組むときも、「やらないといけない」と自分に言い聞かせ、義務で取り組む人がいます。僕は、これはしないようにしています。必ず、しんどくなるから。

それに極論、「しなくてもいい」と思っています。

自分にムリヤリにでも何かをさせることができるのは究極、自分自身以外にはいません。だから誰に何と言われようとも、「やらない」という選択肢はいつでも残されているのです。

それよりも大切なのは、自分は「やりたい」のか、「やりたくない」のか――

僕は社会問題と呼ばれるものに取り組み続けていますが、「やらないといけない」と思ってやっているわけではありません。自分が「やりたい」からやっているのです。

他の誰でもなく、「あくまで自分で選んだ道である」ということを、自分で潔く認めることが大切だと思うのです。

そういう意味でいうと、**自分の仕事やパートナーのことも絶対に悪く言わないと固く心に決めています。**

仕事もパートナーも、「選んだ」のはまぎれもなく自分自身。

それ以外にも、自分が今いる場所は、これまでの自分が行ってきた選択の結果。

それらを悪く言うことは、**自分自身の選択を否定**していることになると思うからです。それはあまりカッコいいことだとは思いません。

それに、自分が選んだと認めると、他にも良いことがあります。

生きていれば、良いときも良くないときもあります。良くないとき、自分で選んだと認められない人は、人のせいにしがちです。

それは結局、自分も周りもキズつけていきます。

だけど、自分で選んだと認めている人は、スッキリしていて立ち直るのも早い上、成長に繋げることができるのです。

「自分が選んだ道だから」「自分がやりたくてやっていることなのだから」というふうに。

問題に取り組む「義務」があるのではなく、問題に取り組む「権利」がある。

もし「権利」がなければ、問題を知っても、取り組むことさえできないわけです。

これほどツライこともないと思います。

だけど「権利」があるから、取り組むことができる。

何事にもできるだけ、「やらないといけない（人にやらされている）」ではなく、「やりたい（自分で選んだ）」で取り組む。

そう考えられると、とても素敵だと思います。
それは未来を自分が望む方向に近づけていい、ということですから。

好きに生きていい。
あなたにはその「自由」と「権利」がある。

人は「自由」と「権利」さえあれば、幸せになる力を持っています。

参考文献
「令和5年度　我が国と諸外国のこどもと若者の意識に関する調査」
https://www.cfa.go.jp/assets/contents/node/basic_page/field_ref_resources/d0d674d3-bf0a-4552-847c-e9af2c596d4e/3b48b9f7/20240620_policies_kodomo-research_02.pdf

ノミはなぜ跳べなくなったのか

権利脳になるには
どうすればいいですか？

「ノミの話」というものがあります。

ノミは地球上で最も高く跳べる生き物（体長比）。
だけど、コップに閉じ込めてフタを閉めると、フタで頭をぶつけてしまう。
問題は、その後、フタを取ってコップから出ても、そのコップに入る前とは違い、フタを閉められていた高さまでしか跳ばなくなる。

①あーしなさい！　こーしなさい！（コップ）
②あれはダメ！　これはダメ！（フタ）

この２つで縛り続けられた結果、起きる「義務脳」がまさに跳べなくなってしまった状態。自分の感情にも可能性にも見えないフタをして生きるようになります。

あなたが「できるわけがない」「やってはいけない」と決めつけてしまう理由は、

そういった呪いの言葉や嘲笑によって、フタをされてきたからかもしれない。
「義務」だけを教わり続け、「自由」と「権利」について教わってこなかったからかもしれない。

良いニュースとしては、この「ノミの話」には続きがあります。

フタを閉められた高さまでしか跳ばなくなったノミでも、のびのびと跳んでいるノミと一緒にいるようになれば、「あれでいいんだ」と、また自分自身も再び跳ぶようになる。

もしもあなたが、自分は跳べないと感じていて、それでも跳びたいと思っているなら、のびのびと跳んでいる人を見つけて、その人と時間を過ごすようにしましょう。
そこで大切なのは、**嫉妬ではなく、尊敬の気持ちを持って。**嫉妬は相手を自分の低さに下げ、尊敬は自分を相手の高さに上げようとすることですから。

反対に呪いの言葉をかけてきたり、あなたの夢を笑ったり、その人都合の義務を押し付けてくる人からは、距離を置くようにしましょう。

自分を信じて挑戦し続けている人と時間を過ごすようにしましょう。

そして、あなただけでもあなたのことを信じてあげましょう。

あなたができない唯一の理由は、あなたができないと決めつけていることなのだから。

アメリカのメジャーリーグでプレイする日本人、大谷翔平選手。投手としても打者としても大活躍するという、マンガでしかありえなかったようなことを体現している人。その大谷翔平選手の高校時代からの「座右の銘」は——

〝先入観は可能を不可能にする。〟

自己肯定感＝家

イヤなことが続いて心が折れそう……

子育てや学校教育において、最も重要視されるべきものの1つが、「自己肯定感（自尊感情）」。この言葉は**「自分で決めることができて、自分のその決定を自分で尊重できること」**と定義されています。

先にも書いた通り、日本人は諸外国に比べてこの自己肯定感が低いという調査結果が出ています。日本では「流行り」のように扱われることもあるこの「自己肯定感」ですが、他の国では盤石な地位を築いています。

例えば、イギリスがその国家予算の多くを投じる「ＮＨＳ（国民保健サービス）」の公式ホームページにはこうあります。

〝もしあなたの自己肯定感が低ければ、あなたは人付き合いを避けるようになり、新しいことや難しそうなことに、チャレンジすることをやめるようになります。それは短期的には安全を感じられるかもしれませんが、長期的には逆のことが起こり、あなたの心の奥底にある疑いの心や、恐怖を増幅していくのです。
低い自己肯定感のまま生きることは、あなたのメンタルヘルス（精神的な健康）に害であり、不安やうつ等に繋がりえます。〃

国家予算の多くが使われているイギリスの国民保健サービスが、低い自己肯定感のまま生きることは健康に害であると、だから高めようと推奨しているわけです。

以前講演に呼んでもらった中学校では、校長先生が自己肯定感を何よりも大切に考えているとおっしゃっていました。実際にその学校の子どもたちは、とても生き生きとしていて嬉しくなりました。全国を周っていると、そんな学校も増えてきているように感じます。

僕はよく、**自分の身に起きること＝天候**に、**自己肯定感＝家**にたとえます。

雨が降ろうが風が吹こうが、雷が落ちようが地震が起きようが、家が頑丈であれば平気なわけです。

反対に、家がボロボロであれば、少し悪天候になっただけでひとたまりもありません。有名な絵本『三匹のこぶた』もそうでしたね。


多くの人はこの「天候」のほうを、悪くならないように願ったり、コントロールしようとしたりするんですが、そんなことは不可能です。

自分の人生に何が起きるかをコントロールできないように。

お願いなんて、てるてる坊主ぐらいの効き目しかありません。生きていれば、天候が良い日もあれば悪い日もあるのはあたりまえのことです。


ただ、天候を操ることは不可能でも、家を頑丈にすることは可能なんですね。

自分がコントロールできないものに注ぐ時間とエネルギーがあるなら、**自分がコントロールできるものにひたすら注ぎましょう。**

頑丈な家は、ローマと同じように一日にして成るものではありませんが、地道に取り組めば必ずつくれるものです。

一生モノの、ビクともしない家をつくりましょう。

自分だけではなく、自分の大切な人も招き入れて守ってあげられるような、強くてあたたかい家（＝自己肯定感）を。

参考文献

・「National Health Service（国民保健サービス）」
https://www.nhs.uk/

不幸になりたくなかったら、やめるべき2つのこと

どうしても人の目が気になってしまう……

「世界の幸福度ランキング（２０２３）」を見ると、トップ10のうち、８か国は実にヨーロッパの国です。日本は47位。

大学からイギリスに留学し、教育を学びたくて北欧の国々を周り、ドイツで起業をして、人生のうち、それなりに長い時間をヨーロッパで過ごす中で、幸せについて考えることが度々ありました。

たどり着いた僕なりの答えは「どうやったら幸せになれるか」ではないということ。

「幸せになる理由があるのではなく、不幸になる理由がある」

何が言いたいかというと、人間というものは、そもそも幸せになる力が自然に備わっている生きものだと思ったのです。

であれば不幸だということは、不幸になるべくしてなっている理由があるということ。つまり、**「どうやったら幸せになれるか」ではなく、「どうやったら不幸にならないか」**が大切だということです。

そして、「不幸になる理由」を突きつめて考えていくと、シンプルに次の2つのことが諸悪の根源だという結論に至りました。

①人と自分を比べること

②人の目を（過度に）気にすること

（もちろん最低限の生活水準を満たせているか、といった要素も大切だと思いますが、その上で精神的な話として）

この2つのことによって、自分から不幸をつくり出してしまっている人が、特に日本にはとても多いと思ったのです。

欧米に行かれたことのある方はご存じかと思いますが、みんなビックリするぐらい人の目を気にしていないように見えます。

「俺は俺」「私は私」を地で行っています。

実際に、北欧を訪れて現地の人に「幸せの秘訣」を聞くと、真っ先に返ってきた答えは——

「人と比べないこと」

対照的に、ブータンは昔は「世界一幸せな国」と言われていましたが、SNSを国民が使うようになって比較が始まってから、国民の幸福度がダダ下がりしていると現地で調査中に聞きました。

（もともとブータンは、「今日も美味しいご飯が食べられました」「今日も家族が健康で幸せに生きられています」と、自分が今持っているものに目を向けて、それに感謝の気持ちを伝える人たちが多い国）

もちろん、日本にも素晴らしいところがたくさんあります。

しかし、「幸せ」という点においては、海外諸国から見習ったほうが良いと思うところがたくさんあります。

①人と自分を比べること
②人の目を気にすること

これを断捨離しましょう。

幸せになるために生まれてきたのですから。

「それができれば苦労はしない」と言われそうなので、具体的なことを2つお伝えしたいと思います。

①比べることをやめるために、**「私は私（俺は俺）」を口ぐせにしてみましょう。人は自分が思っている以上に自分の言葉から影響を受けます。**

②人の目を気にすることをやめるためには、**そもそも人は自分以外の人のことをそれほど気にしていないと理解しましょう。**

集合写真を見たときに確認するのって、自分の顔ぐらいですよね。みんな同じです。あるアメリカの電話会社の分析でも、最も多く使われていた言葉は「私」だったそうです。

人はそれぐらい、自分のことに夢中で、人のことをそれほど気にしていません。

人は2度生きることができます。

1度目は、この世に生を受けたとき。

2度目は、**人の目を気にすることをやめ、真に自分の人生を歩み始めた**とき。

参考文献

「世界の幸福度ランキング（２０２３）」

https://worldhappiness.report/（UN Sustainable Development Solutions Network）

幸せとは何ですか？

「自分で決めたらいいよ」

子どもはそう言われたら、その人から信頼されていると感じるといいます。

だけどこの国では、とかく人の決定をコントロールしたがる人が多いように思います。「こうしなさい」「そうしてはダメだ」だからそれに慣れた大人は、自分で決められなくなり、人に決めてもらいたがります。

僕は講演会の中で、質問の時間をとても大切にしていて、時間が許す限り取るようにしています。

その中で、「幸せとは何ですか？」と聞かれたら

「自分で決めればいいと思いますよ」

と答えます。

そうすると「冷たい……」と言われることもあります。

確かに、僕は自分のことを優しいとは思いませんが、僕なりの考えでは、短い目で見れば、質問してくれた人が考えずにすんで楽になることを言うことはできます。

だけどそれでは、長い目で見たとき、その質問してくれた人は結局また同じステージで悩み続けることになると思っています。

自分で考えて自分で決めるという行為を、自分でするクセをつけたほうが良いと思っています。

その理由は大きく2つあります。

①人生の「満足度」が高まる

人は、自分で決めると、満足度が高まるといいます。

例えば、僕は家を持たずにホテル暮らしをしていて、各地で「ホテルをとっておきましょうか?」と言ってもらいますが、可能な限り自分で決めています。

人に決めてもらった場合、悪い部分があればそこへの不満はより大きくなるそうです。

また人は、自分が決めた数だけ、自己肯定感が高まるとも言われています。

②「自分軸」が定まっていく

日本の学校では、とにかく「正解」を教わります。だけどそれは、「大人の都合」である場合も多いです。

「コントロールのしやすさ」と同義の場合も多く、「良い子」という言葉の頭には、「大人にとって都合の(良い子)」が隠れています。

人生に、正解などありません(正解を決めつけるように話してくる人の言葉には耳を傾けすぎないほうが賢明だと思います）。

そして人生の無数の選択肢には、それぞれメリットもデメリットもあります。完璧な選択肢などありません。

だから「自分は何を大切にしたいのか」を基準に選ぶしかありません。

最初はしんどいかもしれないけど、自分で考えて決めることを繰り返していくうちに、「自分軸」が定まっていきます。1度定まってしまえばそこからは、「決める」という行為が驚くほど楽になります。

「良し・悪し」や「正しい・誤り」といった、ありそうでないものに頼らずとも、「自分軸」を基準に決められるようになります。

「自分は幸せなのか？」「幸せとは何か？」「どうやったら幸せになれるのか？」

こういうことを考えるようになったときは、むしろキケン信号です。自分が今それほど幸せではないからこそ、そういうことを考え出すのだと思います。

本当に幸せなときというのは、幸せについて考えてすらいない。

ただ自然体で、自分のやりたいことに夢中という状態が理想的でしょう。

かの有名な相田みつをさんの有名な言葉にもこうあります。

〝しあわせはいつもじぶんのこころがきめる〟

「過去」と「他人」は変えられない

変えたい人がいるんですけど、どうやったら変えられますか？

大谷翔平選手があるインタビューでこう語っていました。

〝あんまり人に興味がないというか、基本的に「自分がちゃんとやっているか」だと思っているので。
別に人が不真面目にやっていても、真面目にやっていても、どっちでも僕には関係ないので。〟

僕はこれにとても共感します。

大谷翔平選手がそう話した後、「自己中心的なんじゃないですかね？」という言葉が浴びせられましたが、僕はそうやって人に干渉したり、価値観を押し付けたりしてくる人間のほうが、自己中心的な場合が多いと思っています。

僕も「人に興味がないですよね」とよく言われます。

もちろん自覚していますし、もっと言えば、自分がやりたいことに夢中で、他の人のことを気にしている余裕がない。

誰の邪魔もしたくないし、誰にも邪魔されたくない。

世の中でどれだけネガティブなことが起こっていようと、「じゃあ自分はどう生きるのか？」しかない。

「自分の課題」と「他人の課題」をキッパリ分けて考える。

他の人のことをとやかく言ってばかりの人を見ると、「自分の人生を生きればいいのに」と思います。

あの人が悪い、この人が悪い、みたいなことを言ってばかりの人を見ると、「自分が何をするかだけじゃない？」と思います。

そして、「結局、ヒマなんだろうな」と思います。
もっと自分に集中しないと、自分が損をすると思います。

「過去」と「他人」は変えられない。
変えられるのは、「今」と「自分」だけなのだから。

それなのに、変えられない「過去」や「他人」にばかり執着するのは、自分で自分の心の上に、ストレスという名の小石を積み重ねていく行為に等しい。

そして、そんな過去や他人に執着して過ごした時間を振り返ると、その間ストレスとシワが増えただけで、１ミリも成長していなかったことに気づきます。

これが、「他人軸」の正体。

何をやっていても、何かを言ってくる人は必ずいます。

大丈夫、自分の信じる道を突き進んで。

あなたに心ない言葉をぶつけてくるその人は、自分のうっぷんを晴らす対象を探して徘徊しているだけの通り魔みたいなものだから。

あなたにわかったようなことをエラそうに言ってくるその人は、「自分ではやったことのない人」かもしれないから。

あなたの意見でなく人格を否定するようなことを言ってくるその人は、「ただの失礼な人」だから。

あなたを偽善者呼ばわりするその人は、「自分に善の心がないから善の心を理解できない」という自己紹介かもしれないから。

あなたのやっていることを否定したいその人は、「自分にできないことをやっているあなたへの嫉妬」かもしれないから。

そして絶対に間違いがないことは、**その人があなたの人生に責任をとってくれることはない**から。

大丈夫、あなたはあなたの信じる道を突き進んで。

言いたい人には言わせておけばいい。

あなたは言い返す必要もなく、無視でいい。

そんな人に、あなたの貴重な時間やエネルギーを使う価値はない。

「批判」だけでなく「賞賛」も真に受けすぎない

どうやったらブレないで、自分軸で生きていくことができますか？

最近、この質問を本当にたくさん頂きます。

コロナや戦争、増税にインフレ、増えない収入と、カオスな時代である今、自分の心のあり方を見つめ直す人が増えているのでしょう。

まず、起きている出来事をすべて、「自分事」としてとらえられる、**自分に矢印を向け続ける**ことが大事でしょう。

「自分のせいだ」と思うこと、そう思わないことでも、「自分にできること」を考えて行動し続ける人。

これは勇気がいることですが、矢印を自分に向けられた人は、充実感に満ちあふれ、人として成長し続けるでしょう。

また、「批判や失望を気にしないこと」ことも大事でしょう。

確かに、「批判」や「失望」をイチイチ気にしていたのでは、「自分軸」を持ってブレずに生きていくことは難しいように思えます。

だけど、本当にそれだけでいいのでしょうか？

僕はそれよりもさらに、**「賞賛」や「期待」も真に受けすぎない**ことが大切だと思っています。

そして、そのことのほうが難しい。

京都の講演のとき、僕のお母さんが来て、こんなことを言ってくれました。

「あんたがやっていることをいつも周りの人に話してきたけど、あんまり相手にしてくれへん人も多かった。けどあんたが国連に呼ばれてスピーチした途端に、一気にスゴいなぁって騒ぐ人が増えたで。あんたは何も変わってへんのに、人って勝手やなぁ」

さすがオカン。的を射ている。

人は本当に身勝手な生きもので、「批判」も「賞賛」も、「失望」も「期待」も好き放題します。

そしてあたりまえですが、そのどちらにも一切責任を取りません。

一方で、人は「賞賛」されたり「期待」されたりすると、たまらなく嬉しいものです。そのことを利用したビジネスもいくらでもあります。

もちろん、喜ぶのが悪いというわけではないです。

「批判」や「失望」に不愉快になるのと同じで、「賞賛」や「期待」に嬉しい気持ちにはなるでしょう。

だけど「賞賛」そのものが目的になったり、過度な「期待」に応えたりしようとすると、「自分軸」を失ってしまいます（これは子どももそのようです）。

人の身勝手な「賞賛」や、過度な「期待」に応えることを目指して生きることは、不安定この上ないと思います。

また「期待」には、「自分がやりたくないことや、やりたくてもやれなかったことを、他の人にやってもらおうとする」という側面があります。

他の人の人生を生きなくていい。

親や先生、友達や恋人からの過度な「期待」に応えようとして、心が壊れてしまった人をいくらでも見てきました。

僕のお母さんは「元気でいてくれさえすればそれでいい」と言い続けてくれました。

生まれてくる前は、「健康に生まれてきてくれさえすれば」と誰もが願うのに、いざ生まれてきて、成長するにつれ求めるものばかり増やしてしまう――

付き合い始める前は、「隣で笑っていてくれさえすれば」と誰もが願うのに、いざ付き合い始めると、求めるものばかり増やしてしまう――

「批判」や「失望」だけではなく、「賞賛」や「期待」も真に受けすぎないように心がけましょう。

他の人の人生を生きなくていい。
あなたの人生はあなたのもの。

人によく思われることを諦めよう

人前だと緊張してしまい、うまく話せない……

TEDや国連総会、国会の講演でもドヤ顔で話していると、こんなことをよく聞かれるようになりました。

「緊張しないいんですか？」

実は僕、緊張を全くしないんです。

（ドヤ顔は、生まれてきた瞬間からドヤ顔だったとお母さんが言っていました）

なぜ緊張しないかというと、鋼のメンタルがあるからとか、場数を踏んでいるからとか、そういったことが理由ではありません（メンタルはむしろ弱い）。

人からよく思われることを諦めているから、緊張しないんです。

「緊張」というのは、「人からよく思われたい」からするのだと思います。①「こう思われたい」、②「だけど実際にはこう思われたらどうしよう」、この①と②の差が、緊張です。当然、「よく思われたい」の執着が強ければ強いほど、緊張も大きくなるわけです。逆に言えば、そもそもその執着さえ捨ててしまえば、緊張する理由がないと思います。

僕は、「準備が8割」だと思っていて、やれるだけのことはやりますし、本番でもベストを尽くします。

その上で、**人は思いたいように思うし、それは自分にはコントロールできない**と思っています。なぜそう思うかというと、僕がそうだからです。

目の前の人が、その人自身のことをどう説明しようが、何を話そうが、僕がその人をどう思うかは、僕の自由だと思います。

当然、他の人も同じで、その人が僕のことをどう思うかは、その人の自由だと思います。僕には僕の「自由と権利」があるように、他の人にもその人の「自由と権利」がある。

僕も感情のある人間なので、あくまでも結果として、人からよく思われたり、褒められたりすると嬉しいのも事実です。だけどそれはあくまでも結果であって、そうじゃないとイヤだとか、そのために自分を偽ったりするつもりはないです。

そしてこれは、人間関係でも大切なことだと思います。

不思議なことに、「よく思われたい」という執着を捨てて自然体でいると、人見知りもしないし、結果として人から好かれたりします。

もちろん万人に好かれるわけではないですが、ハッキリしている分、本当に一緒にいるべき人と一緒にいられて、そうでない人とは離れられます。

執着心を断捨離しましょう。

決まりなんだから
守りなさいと言われる。

「Ohtani rule」って知っていますか？
大谷翔平選手が、アメリカの大リーグのルールを変えました。

〝投手としては途中降板した試合でも、打者として（他のポジションの守備につかない形でも）試合に出続けて良い。〟

以前はこのルールはなく、大谷翔平選手のためにできたため、アメリカでも「Ohtani rule」と呼ばれているそうです。20代の日本人が、本場アメリカのメジャーリーグのルールを変えたのです。

これからの時代に必要なのはこういうことだと思います。

「ルールって、何するもの？」
日本の学校講演で、この質問をすると、こう返ってきます。

「ルールは守るもの」

もちろん、それも間違いではないでしょう。

一方で、海外の学校講演ではこうも返ってきました。

「ルールは変えるもの」

ドイツでも、ルールは「守るもの」であると同時に、自分が行動して「変えるもの」と教わるそうです。もちろん、「ルールを破る」というわけではなく、適切な方法で、自分が力をつけ、行動して。スウェーデンの小学校の教科書には、そのために勉強して力をつけることが必要だとすら書いてありました。

ルールは「正義」とは限らず、**昔の人の都合**だから。

南米を始め海外を転々としていますが、デモを見た回数は1回や2回ではないです。「ルールを変えよう」であったり、「給料が低すぎて生活ができないから上げよう」であったり。

僕はメディアも巻き込みながら、必死に変えるための行動を続けています。
実際に、海外諸国の物価は、僕が住んでいた頃に比べて大幅に上がっていますが、それを上回るようなスピードで賃金も上がっているそうです。
「このままだと日本人は海外に行けなくなる」と言われていますが、それを肌で実感することもしばしばです。

日本では「ルールなのだから守りなさい」と言って、理由も説明されないまま、守ることだけを強要されることもあります。

だけどこれは、**一種の思考停止**だと思います。

そして結局は、黙って従う人が大多数だからおかしなルールでも残り続けます。
陰では不満を言いながら、公には声をあげず、逆に声をあげている人を変な人扱いする。

変えられるのも自分。
黙って従うことで変えないことに賛同しているのも自分。

「沈黙は容認」
ルールは「守るもの」ではなく「変えるもの」

これからの日本では、これらをアイコトバにしていく必要があると本気で思っています。

「完璧」より「前進」

どうやったらスゴい人になれますか？

ある日お母さんから、「英雄と凡人の違い」という言葉が送られてきました。

〝「英雄」は、自分にできることをただやっただけの人で、「凡人」は、自分にできもしないことを妄想しながら、自分にできることすらやらない人。〟

とても腑に落ちました。

誰かや何かのせいにして、耳をふさぎたくなる、グチを並べる人がいます。
そういう人に限って、「自分にできることはすべてやりましたか」と聞くと、必ずやっていないです。

人間の悩みは、大きく分けてこの4つだと言われています。

①健康
②仕事
③人間関係
④お金

そしてどの悩みもたいてい、「できないことがあるから」ではなく、**「できることをやっていないから」**起きると思います。

できることをたんたんとやることも、それを人に協力してもらうことも、確かに簡単ではありません。

だけどそのために、僕が大切にしていることがあります。

「正しさ」より「楽しさ」を
「強要」より「共感」を
「完璧」より「前進」を

「評価」より「感謝」を
「グチ」より「希望」を
「他人」より「自分」に矢印を
そして何にも増して「行動」を

自分の人生にしろ、社会にしろ、本気で「変えたい」のであれば、これを心がけたほうが良いと思います。

多くの人は、心の底から「変えたい」のではなく、ただただ「言いたい」だけなのかもしれません。だからこそ、これに徹することができたなら、あなたは現状を打破する希望になれると思います。

「完璧」より「前進」

言いたい人	変えたい人
正しさ	楽しさ
強要	共感
完璧主義	前進主義
評価する	感謝する
グチを吐く	希望を語る
矢印が他人	矢印が自分
行動はしない	行動あるのみ

人と違うことをしたいけど
出る杭は打たれると思う……

アインシュタインが学生の前で、黒板にかけ算を書いていく。

９×１＝９、９×２＝18、９×３＝27……そして９×10のところで、91と書いた。

学生たちは、アインシュタインのその間違いを笑った。

それを見て、アインシュタインはこう言った。


〝私は、９個の問題を正しく書いた。だけど君たちは、それを讃えようとはしない。そしてたった１個の間違いを笑っている。〟


こういう話や名言といったものは、偉人の名前が使われているだけで、それが本当かわからないことが多いです。

ただ、これが本当にアインシュタインが言ったものであったとしても、そうでなかったとしても、僕は内容に共感します。

今の日本は、挑戦の難易度がとても高いように感じます。
挑戦する前から「ムリだよ」と呪いの言葉を連呼され、挑戦して失敗しようものなら「ほら見ろ」と笑われる。成功したところで嫉妬される。

イギリスにいたとき、何かに挑戦しているというだけで劇的に褒められたことが、恋しくなるときもあります。

挑戦が大きなものであればあるほど、失敗する確率も上がります。
だから「失敗するよ」と言えば、その言葉が当たる確率は高いに決まっています。

それに、人のやっていることにケチをつける理由のほとんどは次のどれかに当てはまるでしょう（ごくまれに建設的な意見もあるとは思います）。

①行動しない自分を正当化したい
②注目を浴びているものへの嫉妬に狂って足を引っ張りたい
③自分の人生に不満だらけで憂さ晴らしのサンドバッグを探している
④挙げ足をとることで優越感に浸りたい
⑤とにかく何にでもケチをつけないと気がすまない
⑥別の正義に自分の正義を叩きつけたい
⑦ヒマ

ロクでもないと思うし、そういう人に限って、自分は何もしていません。

「人に求めるなら自分がやればいい」

日本には古くから伝わる素敵な教えがたくさんあり、その１つに薩摩藩に伝わる「漢《おとこ》の順序」という教えがあります。

漢の順序

一、自ら挑戦し成功した者

二、自ら挑戦し失敗した者

三、挑戦者を応援した者

四、何もしなかった者

五、何もせず批判だけする者

英語には「音の鳴っているタイヤしか油を差してもらえない」といった言葉があります。「主張をしないと何も得られない」という教えです。

今の日本はまるで、「漢の順序」の二と五が入れ替わってしまったように見えます。挑戦して失敗することがまるで恥ずかしいことで、それを上から目線でバカにすること（冷笑）がまるで優れていることのよう。

ネット上だけでなく、リアルでもそうなっていっていると思います。

「減点方式」のなれの果てなのでしょうか。

人間なんて完璧ではないのだから、人にケチをつけるなんて誰でもできます。

こんな社会では「何もしない」が正解になり、「ゼロリスク思考」人間がどんどん増殖してしまいます。

その行き着く先は何の変化も変革も成長もない、ただただ堕ちていくだけの社会。
そんな冷笑文化に侵された社会に、先があるのでしょうか。

だから人にケチだけつける行為は、自分の首をしめているようなもの。
人間だから、人のやっていることが気に入らないこともあります。
だけどその足を引っ張りたくなったら、自分が堕ちた証拠。

人のやることにケチつけるヒマがあったら、**自分の人生を良くすることに時間とエネルギーを注ぎたいものです。**

本気の人はＡＫＹ（あえて空気読まない）

「空気を読め」と言われるけど
モヤモヤする……

とあるお父さんの実話。

そのお父さんは仕事ができて、出世も早く、会社でとても重要なプロジェクトを任されていた。そのプロジェクトがずっと忙しかったから、「ディズニーランドに連れて行く」という自分の息子との約束すら、もうずっと果たせずにいた。

お父さんはある日、「長くてあと3か月」の末期ガンだと診断された。

そのとき、お父さんが手がけていたプロジェクトは、お父さんに抜けられるととても困るものだった。

しかしお父さんは、「かまうものか」とスグに辞表を出し、息子をディズニーランドに連れて行った。ディズニーランドでの息子との3日間は、そのお父さんの人生における最も幸せな3日間となった。

イルミネーションの光がやけに目にしみたという。

これは、僕の大好きな実話で、「本気の人は空気なんて読まない」を僕に教えてくれたものです。

日常生活で周りに気づかいができる人は素敵だと思います。

だけど、**自分の人生を左右するような判断においては、空気なんて読まないほうがいい**と僕は思います。

空気を読まないことは、若い人ほど難しいことかもしれません。

「生意気だ」「迷惑だ」「自分勝手だ」と、年上の人たちから心ない言葉を浴びせられることもあるでしょう。

だけど同時に、空気を読んだ結果失ってしまうものは、**若い人ほど大きい**ともいえます。

あなたがもし今30歳だとして、80歳の大富豪は、あなたの年齢になれるなら1億円だって気前良く支払うでしょう。だから若いということは、それだけでポケットに大金を入れて歩いているのに等しい。

「空気を読む」という行為は、そんな若いときにしかできない挑戦や、そこから得られる知識や経験を、いとも簡単にあなたから奪ってしまいます。

そもそも、今の日本は高齢化が進み、平均年齢が約50歳。

だから日本の「空気」と呼ばれているものは、比較的高齢の人たちの価値観である可能性が高いでしょう。

その中には、若いあなたに「空気」を読んでもらうほうが都合がいいと思っている人もいるかもしれない。

あなたが必死に読んでいるその「空気」は、あなたから色々な挑戦や経験ができたはずのかけがえのない時間だけを奪い去り、代わりに「後悔」だけを置いていく、浦島太郎の玉手箱から出る煙のようなものかもしれません。

コロナ禍で、「マスクを着けろ‼」と言う人も、「マスクを着けるな‼」と言う人も、どちらも苦手でした。「ワクチンを打て‼」と言う人も、「ワクチンを打つな‼」と言う人も。

食や健康や環境についての価値観を押し付けてくる人も。

その他、仕事やお金や恋愛や結婚や教育など、生き方についての価値観を押し付けてくる人も。

「おまえはどっち派なんだ‼」みたいなことを問いつめられることもありますが、どっち派でもないです（偏っている友達は良くも悪くも減りました）。

ただただ、**「個人の選択の自由」が尊重される世界**であってほしい。

イギリスの哲学者ホッブズは、「人を殺してはいけない理由」として、「自分が殺されないため」と言ったといいます。

あなたが人に自分の価値観を押し付けるなら、その先には、窮屈で殺伐とした世界しか待っていない。

それは必ず、自分や自分の大切な人の首をしめることになります。

フランスの哲学者・ヴォルテールの言葉とされている、この言葉が惚れ惚れするほど好きです。

〝私はあなたの意見には反対だ。
だがあなたがそれを主張する権利は命をかけて守る。〟

その人が好きかより、その人といるときの自分が好きか

家族やパートナーから「あなたのため」と言われて反論できない。

「あなたのため」と言われることが、僕はあまり好きではないです。

それを発する人はたいてい、目の前の人を自分の思い通りに動かしたくて「あなたのため」というパワーワードによって、コントロールしようとしているときだと思うから。これは特に、大人が子どもに対してだったり、立場が上の人が使うことが多いように見えます。

人が人のためを想えないという話ではなく、それをわざわざ言葉にして発する人の意図は、ほとんどの場合、ロクでもないのではという話です。

本当に「あなたのため」と想ってくれている人は、そんなことをわざわざ口にしたりしないでしょう。

本当にあなたのためを想っている人は、あなたのことを尊重してくれます。

ブッダが言ったとされている「好き」と「愛している」の違いを説明するたとえ話があります。

〝花が「好き」なら、ただその花を摘むだろう。
だけど「愛している」なら、そのまま見守り、毎日水をやるだろう。〟

「あなたのため」という言葉に惑わされ、違和感を抱きながらも自分を曲げ、摘み取られるべきじゃない。

表面はあなたのためを想っているフリをしているけど、**実際は自分本位という人を見極め、そういう人からは極力離れる**ことをオススメします。

僕は、草食動物のように周りを見渡せる広い視野を持って、人に気を配れるような人間ではないです。

真っすぐ前だけを見て、突き進むことしかできない人間です。

だから、横すら見えていないことも多く、いつもお世話になっている人に感謝の気持ちも伝えられていないこともあります。

そんな猪突猛進の僕が約束できるのは、突き進み続けること、決して止まらないことぐらいです。

そんな僕のことを理解して、横から後ろから支えてくれる人たちがいます。僕が突き進んでいることを、まるで自分のことのように喜んでくれます。

反対に、僕の足を引っ張って進むスピードを遅らせるようなことをしてくる人もいます。花の例でいうと、摘み取るほう。自分本位であることが透けて見えてしまっています。

そういう人からは極力離れるようにしてきて、今は本当に、そのまま見守って、水をくれる人たちが残ってくれています。

昔聞いて深いと思った、女性2人のこんなやり取りがあります。

Aさん「彼にフラれた!! もう生きていけない!!」
Aさんの友人「男なんて、星の数ほどいるじゃない」
Aさん「でも太陽は1つしかない!!」
Aさんの友人「あの人が本当に太陽だったとしたら、あの人といるときのあなたの顔はもっと晴れていたはずよ」
Aさん「……（号泣）」

僕はパートナーでも友達でも仕事上の関係でも、付き合う人について、大切にしていることがあります。

「その人を好きかどうかより、その人といるときの自分が好きかどうか」

一時的に惹かれていようが、利害関係があろうが、自分がムリをしていたり、自分を偽っていたりするような関係は、やっぱり長続きしない。

「その人といるときの自分が好きか」を大切にするようになってから、僕は交友関係がガラッと変わり、とても生きやすくなりました。

心の底から笑えるようになりました。

より自分らしくいられるようになりました。

「その人といるときの自分が好き」というのは結局、素に近い自分でいられているということなのでしょう。

素には敵わないと書いて、「素敵」と読む。

お父さんとお母さんの立場を交換したら

〇〇を精一杯やっているのに、
何でわかってくれないん
だろう……

大切な人と意見が衝突することは誰にでもあると思います。

僕がイギリスにいたときに教わった方法をお伝えします。

それは、**「自分の立場」と「相手の立場」を交換して話し合ってみる**ということ。

あなたが「A」という立場で、相手は「B」という立場であれば、あなたが「B」という立場になり、相手は「A」という立場になって話し合う、というふうに。

こんな話があります。

お父さんは外に働きに出ていて、お母さんは家でずっと家事をしていました。お互いに、「自分のやっていることのほうが大変だ」と思い、ケンカを繰り返していました。

そこでこのお父さんとお母さんは、３日間、お互いのやっていることを交換してみることにしました。そうして、お母さんが外に働きに出て、お父さんが家でずっと家事をすることになりました。

お互い、相手のやっていることの大変さを知り、それからは感謝し合うようになりました。

立場を交換して行うこのディベートの目的は、「論破すること」ではなく、「理解を深め合うこと」。これをイギリスで毎日のようにやらされました。

ディベートというのは、自分の本当の立場で、相手をコテンパンに論破するものだと思っていた僕。最初は、「何でやねん」と思っていましたが、今では、この経験が本当にありがたかったなぁと。

「相互理解」「ロジカルシンキング」「クリティカルシンキング」「コミュニケーション能力」「(信頼性の高い）データを押さえておく力」などが、一挙に身についたんですね。

そして、自分の立場でならスラスラとモノが言えるのに、立場を交換した途端、何も言えなくなる人が少なからずいます。

これは「頭が偏っている」証拠。「頭が偏っている」状態になると、ダマされやすく、また違う意見にストレスを感じやすくなります。

そして、立場を交換して話し合うと、「A」か「B」でなく、両方を和えた「C」ができたりします。「○○の話になると、いつもパートナーと意見が対立する」という人は、1度試してみてください。

「正義」の反対は「悪」ではなく、「もう1つの正義」。

その人にはその人なりの正義があるのだから。

「事実」と「意見」を区別する世界の教育

牛肉は環境に悪いから
みんな食べるべきではない。

牛肉は環境負荷が大きいというのは事実ですが、食べても良いかどうかは価値観の世界です。

今の社会には、大人でも「事実」と「価値観」を区別できない人が多いと思います。それが「過干渉」など、生きづらい社会に繋がっているような気がします。

フィリピンの小学校で、「事実」と「意見」を区別する力をつける授業を見学したので紹介します。

先生「①チワワは（比較的）小さい犬である。これは事実ですか？　意見ですか？」
生徒「事実です！」
先生「②観察していて1番楽しい動物は猫である。これは事実ですか？　意見ですか？」

生徒「意見です！」

先生「③犬は鴨よりもカワイイ。これは事実ですか？ 意見ですか？」
生徒「意見です！」

先生「④牛は草や葉を食べる。これは事実ですか？ 意見ですか？」
生徒「事実です！」

先生「⑤絶滅危惧種は保護しなければいけないと私は思う。これは事実ですか？ 意見ですか？」
生徒「意見です！」

スウェーデンの小学校の教科書にも、〝「事実」と「価値観」を区別することが大切です〟と書かれていました。

「事実」は基本的には1つしかありません。

それに対して、「価値観」「正義」「解釈」「評価」「意見」「判断」といったものは人の数だけあります。


「牛は肉食動物」だと勘違いしている人に、「牛は草食動物」という事実を教えてあげることには意義があると思います。

だけど、「猫が1番カワイイ」という価値観の人に、「犬のほうがカワイイ」という価値観をぶつけても、ケンカになるだけです。


事実と違って、価値観や意見には「共感」はあっても「正解」は存在しません。

だから価値観や意見の違いは基本的には尊重し合わないと、生きづらい社会になります。

どうしても価値観が合わない人がいるなら、その人とは離れたほうがいいかもしれません。

人の価値観をムリヤリ変えようとしないこと。
自分の価値観をムリヤリ変える権利が、他の人にもないのと同じこと。

自分が人を尊重しなければ、人も自分を尊重してくれなくなり、結果として自分が1番苦しむことになります。
そのほうが、多くの人が生きやすい社会になると思います。

混ぜるなキケン、「事実」と「価値観」。

「失敗する権利」を大人の都合で子どもから奪わない

ウチの子どもには
○○はまだ早いと思う。

ドイツに住んでいたときの話です。

ドイツの小学校で、お弁当を忘れてきた6歳の子ども。

「先生、お弁当を忘れてしまいました」

すると先生は、子どもにこう返すそうです。

「どうするの？」


こういうとき、子どもが考えて出す答えには、大きく2つあるといいます。

①他の子どもたちにお願いして、少しずつお弁当を分けてもらう
②親に電話をして、お弁当を持ってきてもらう

①の場合、主役級（ハンバーグやエビフライなど）のおかずをくれる子はあまりいないです。みんながあまり好きじゃないおかずで構成されたお弁当を食べることにな

る可能性が高いです。

②を選んだ場合、先生が親にお弁当を持ってきてもらうように頼んでくれることはないといいます。先生がしてくれるのは、親に電話をかけるところまで。

「お弁当を忘れたから持ってきて」は、子どもが自分で頼むこと。自分で親に頼むことをした子は、先生が親に頼んだ場合に比べ、またお弁当を忘れることが減るとか。

日本だとどうでしょう。同じように、お弁当を忘れてきた6歳の子ども。

「先生、お弁当を忘れてしまいました」

それを聞いた先生はすぐさま親に電話をして、お弁当を持ってきてもらうように頼むことがほとんどのようです。

僕たちは知らず知らずのうちに、子どもから「権利」を奪っていることが往々にしてあるようです。

「考える権利」「選択する権利」「行動する権利」「失敗する権利」、そして「そこから学び、成長する権利」を。

たいていの場合、常識という名の偏見のコレクションや、面倒を避けようとする大人の都合のせいで。

人の成長について、人はドラマティックな理由をつけたがります。
だけど本当は、日々の小さなことの積み重ねでしかないのだと思います。

「この子たちにはまだ早い」

「この子たちにはムリだと思う」

学校講演でも一般の子ども向け講演でも、この言葉を何度聞いたかわかりません。

18歳になったからとか、社会に出たからといって、同じその人間が、急に何かができる人間になるわけがない。

子どものうちから子ども扱いせずに、1人の人間として尊重して、信じて、待つから——

自分の頭で考えて、自分で動いて、(ご想像の通り)だいたい失敗して、だけど自分が失敗できたからこそ、そこから多くを学んで、成長していく。

それ以上でもそれ以下でもないかと。

子ども扱いされる時間が長ければ長いほど、「失敗する権利」すら大人の都合で奪えば奪うほど、自分の頭で考えない、自分1人では何もできない、「主体性」も「当事者意識」も持たず、不満を言うだけか他力本願の子どもみたいな大人になって、そういう人で社会があふれるのだと思います。

「子どもにはまだ早い」というけど、**「大人になってからではもう遅い」**。

子どもの可能性というものは、本当に「無限」だと思います。

ではその無限なものに限界をつくっているのは何かというと、**「大人の信じる力」**でしょう。

子どもの可能性は無限なのに、仮に大人の信じる力が「30」しかないとして、「30」の檻に子どもを閉じ込めるとするならば、子どもはその「30」未満の存在にしかならないかもしれません。ノミの話のように。

「この子たちにはまだ早いかも……」
「この子たちにはまだムリかもしれない……」

こういう言葉たちの裏には、大人の子どもを信じる力の限界があると思います。

そして、**大人も自分自身を信じられていない。**

僕にもいつか子どもができたなら、そのときは自分自身の信じる力と向き合うことになると思っています。

相手に自分の好みを演じさせている？

ウチの子どもは
○○が好きだと思う。

「子どもにランドセルを選んでもらう」という企画を、「天使のはね」で有名なセイバンさんが実施したことがあります。
「親は違う場所にいながら、自分の子どもがどんな色やデザインのランドセルを選ぶかを予想する」というもの。

結果は次のようになりました。

1人目（女の子）：ピンク
2人目（女の子）：グリーン
3人目（女の子）：ベージュ
4人目（男の子）：黒
5人目（男の子）：黒×赤
6人目（男の子）：カーキ

どの親も見事に、自分の子どもが選ぶランドセルの色やデザインを事前に当てることに成功しました。自分の子どもの好みを当てられたことを喜ぶ親たち。

しかし、この話はここで終わりではありません。

ここで親たちにあることが伝えられます。

「実は今、子どもに選んでもらったのは、その子が自分で使いたいランドセルではありません。〝自分の親が自分に選んでほしそうだと思うランドセル〟を選んでもらったのです」

「次は、〝子どもが本当に自分が使いたいと思うランドセル〟を選んでもらいます」

そうすると子どもたちは、次のようにランドセルの色やデザインを変えたのです。

１人目（女の子）：ピンク⇩水色

2人目（女の子）：グリーン⇩水色
3人目（女の子）：ベージュ⇩ピンク
4人目（男の子）：黒⇩白
5人目（男の子）：黒×赤⇩ピンク
6人目（男の子）：カーキ⇩カーキのまま

この結果から、あることが学べると思います。

親が子どもに対して、「この子はこう」と思っていることは、**実はその子が空気を読んで、親の好みを感じ取って行動している可能性がある**ということです。

そしてこれは、親子という人間関係に限った話ではないと思います。

自分が相手に対して、その人らしさだと思っていることは、**相手が空気を呼んで自分の好みを演じてくれているだけなのかもしれない**ということです。

相手に、心の底から「ありのままの自分でいていい」と感じてもらうためには自分はどうあればいいのか、とても考えさせられました。

子どもの前でも、「ウチの子にはこうなってほしい」と口にする親をよく見ます。

親としては、当然のように抱いてしまう気持ちなのかもしれません。

だけどその上で、同じようなことをパートナーに言われたとしたらあなたはどう感じるでしょうか？

「あなたにはこうなってほしい」と言われたら、場合によってツラい気持ちにならないでしょうか？

今の自分を否定されたような気持ちにならないでしょうか？

僕のお母さんは
「あなたはあなたのままでいい」
と、いつもそう言ってくれる人です。

自分のことを1人の人間として尊重し、信頼してくれる人に、人は好意を寄せるものなのでしょう。
人は好意を寄せる人のことは、キズつけたくないし、喜ばせたいと思うものなのでしょう。

参考文献
「【セイバン公式】ランドセル選びドキュメンタリー篇」
https://www.youtube.com/watch?v=r1Bic3Go2dY

知能は8つある

テストで良い点数が
取れないから
自分は頭が悪い……

「頭が良い子ども」と聞いたとき、あなたはどんな子どもを思い浮かべるでしょうか？

多くの人が、数学的・論理的な問題解決能力の高い子どもを思い浮かべるといいます。「ＩＱ（知能指数）」という言葉が浸透したことで、この傾向はより強くなったと思います。

最近でこそ、「ＥＱ（心の知能指数）」も大事だ、という話や、「左脳派（論理的）」「右脳派（感覚的）」という言葉も聞くようになってきました。

しかしまだまだ様々な場面で、古い固定観念が残っている印象を受けます。

そんな中、ハーバード大学のハワード・ガードナー教授が、「Multiple Intelligences（多重知能理論）」というものを提唱しました。

知能を1種類に限定しないことで、人の可能性を制限しないことを目指したものです。「知能は1つではなく、複数ある」とすることで、教わる側と教える側の可能性を広げたのです。

数学的な能力がないだけで、その人を「学びには向いていない」としてしまったら、教わる側も教える側も、もうそれ以上の成長はありえません。

そうやって、無限であるはずの子どもの才能にフタがされてきたのかもしれません。

では、ハワード・ガードナーの唱える8つの知能について、簡単にですが書きます。

①論理の知能

数学的な問題解決、議論、因果関係の発見などに関する知能です。

・問題解決が好き
・原因に対して興味が強い

②言葉の知能

文章の生成や外国語の習得など、言語を操ることに関する知能です。

・読書や執筆が好き
・記憶力が良い

③自然の知能

自然環境などの多様な物事の分類や関連付け、いわゆる図鑑づくりに関する知能です。

・動植物が好き
・図鑑が好き

④音楽の知能

音やリズムなど、音楽に関する知能です。

・歌うのが好き

・リズム感がある

⑤運動の知能

身体を操ることや、身体で表現することに関する知能です。

・身体で表現することが好き
・手先が器用

⑥空間の知能

大きさや距離などの測定などの空間把握に関する知能です。

・絵や図を描くのが好き
・イメージが得意

⑦対人の知能

他人の感情を読み取り対応ができる、コミュニケーションに関する知能です。

・話すのが好き
・誰とでも友達になれる

⑧自己の知能

自分自身を理解することに関する知能です。
・自分について考えることが好き
・独特の世界観を持っている

以上です。

例えば、イヌ・サカナ・アザラシ・ゾウ・ペンギン・サル・トリに「今から木に登ってください」と言ったら、どの動物が勝つでしょうか。

人がそれぞれ、イヌ・サカナ・アザラシ・ゾウ・ペンギン・サル・トリぐらいの違いがあるとして、今は「木登り」が重要視されているとすれば、サルが優秀だという話になり、サカナは無能とされるでしょう。

しかし、もし重要視されている知能が「泳ぎ」だったなら、状況はガラッと変わります。

同様に、もしハワード・ガードナーの8つの知能が等しく重要視されたなら――

僕は**自分の好きや得意をとことん伸ばして、嫌いや苦手は他の人に任せるようにしています。**

自分が1人の人間としてではなく、人と合わさることで、すべての知能を満たすことができると考えています。

そしてこの分業こそが、人間の特性の中で、最も素晴らしいものの1つだと思っています。

だからもしも今、何か1つの知能を重要視して、自分や自分の子どもを見ているなら、どうか知能は1つだけではないことを知ってほしいです。

そして嫌いなことや苦手なことは、人を頼っていいということを知ってほしいです。

人に頼れてこそ「自立」、人に頼れないのは「孤立」。

参考文献

・ハワード・ガードナー（著）、松村 暢隆（訳）『MI：個性を生かす多重知能の理論』新曜社、2001年

・有賀 三夏『自分の強みを見つけよう～「8つの知能」で未来を切り開く～』ヤマハミュージックエンタテイメントホールディングス、2018年

自己肯定感を上げたいなら「一人旅」

自立するには
どうすればいい？

「獅子は我が子を千尋の谷に落とす」というコトワザがあります。「本当に深い愛情を持つ相手には、わざと試練を与えて成長させるべきである」という意味です。

「かわいい子には旅をさせよ」というコトワザもあります。「厳しい経験を積むほど成長するため、かわいい子ほどあえてツラい思いをさせよ」という意味です。

そして、「親の甘いは子に毒薬」というコトワザがあります。「親が子を甘やかすと、挫折や苦悩を経験せず育つので、自ら学ぶ機会を失い、子どもの将来のためには良くない」という意味です。

すべて、全くその通りだなぁと僕は思います。

「親に甘やかされて生きてきた結果、自立していない子どもみたいな大人を、あなたはパートナーに選びたいと思いますか？」

こう聞くと、ほとんどの人が「そんな人イヤだ」と言います。

自分がパートナーを選ぶときには、親に甘やかされて生きてきたような人はイヤだと明確にわかっているのに、自分の子どものことはついつい甘やかしてしまうというのが親心（人間は論理でなく感情の生きもの）。

冒頭で紹介したコトワザの通り、「一人旅」は本当に自分を成長させてくれます。

僕はこれまで、約１００か国を訪問して、その半分以上は一人だったという経験から、心底そう思います。

色々な点において成長できる一人旅ですが、大きく「①問題対応力」「②自己肯定感」「③自己理解」の３つを紹介します。

①問題対応力

講演や視察、人に会うためなどの理由で多くの国を周りますが、一人旅をしていると、本当に色々なことが起きます。

・スタッフが誰もいないというホテルがザラにあって、チェックインや鍵の受け渡しシステムがかなり複雑だったりする

・列車を予約したものの、「チケットを紙に印刷して持参」とあり、印刷できるような場所がなかなかない

・ホテルの条件を見て予約したのに、条件が全然違う（他の部屋はもうないと言われる）

・カード会社の勘違いでカードが1日止まって、水道水も飲めないので、文字通り1日飲まず食わずの状態で過ごす

・バスが遅れに遅れ、ホテルがもう空いていない

・バスの席を指定して予約したのに、その席が他の人に取られていて、スタッフに言っても無視される
・ホテルを予約したのに、行ってみると誰もおらず、閉まっている
・食べものを売っている場所が少ない上に時間も限られているから、食べものにありつけないこともしばしば
・治安が良くない場所では、5秒に1回ぐらい話しかけられる
・ホテルでインターネットに接続できない
・飛行機のチケットの印刷が薄すぎて読み取りができず、搭乗前に追い返される

(もっとキケンな目にあったりもしますが、長くなるのでここでは割愛します)

あたりまえですが、誰も助けてはくれません。
知り合いもいなければ、言葉が通じないこともザラにあるし、日本のように優しく接してくれる人が多い国ばかりでもありません。

助けてほしいなら、どうにかしてハッキリそう伝える必要があるし、それでも相手にしてもらえないこともしばしば。

頼りになるのは、**自分の体力・知識・経験・知恵**といったものだけです。

②自己肯定感

しかしそうやって次から次へと湧いて出てくる問題に、1つまた1つと対応する度に、自己肯定感が上がっていくのです。

知識と経験、そして自信として、自分の血となり肉となります。

そういうことを繰り返してきたからか、先のことに不安を感じないし、多少のことでは動じなくなりました。

「もしもこうなったらどうするの？」とよく聞かれますが、「そのときはそのときだし、自分なら何とかできる」と心底思います。

人生において苦難を避けることはできないので、苦難を苦難とも思わない自分になればいいのだと思います。

③自己理解

一人旅は、とにかく孤独。

誰も自分のことを知らない地で、仮に自分が死んだとしても、その国の人たちは驚くぐらいで、それほど悲しまないかもしれません。

そんな孤独の中では、**否が応でも自分自身との会話が増えて、自己理解が信じられないぐらい深まります。**

僕は、自分自身のことをよく理解することは、より良い人生を送るために最も必要なことの1つだと思います。

ギリシャの神殿を訪れたときも、紀元前に彫られた〝自分自身のことを知れ〟という言葉がありました。

また、海外に行くことで「潜在意識（自覚していない）」と「顕在意識（自覚している）」が一致していくこともわかってきています。

大人になってからでもいいですし、海外でなく国内でもいいと思います。一人旅に出てみましょう。

「自分を大切にすること」をナメていない？

自分の自由と権利を
尊重していたら、
ワガママになりませんか？

「自分が満たされていないと、他の人を満たすことなんてできない」
「自分を大切にすることが1番大切」
「自分の自由と権利を尊重する」

こんなことを話して周っていると、こんな質問をよくもらいます。
「それだとみんなワガママにならないですか？」

それは、「自分を大切にする」ということを、少しナメていると思います。

人は、自分独りでは絶対に幸せになれません。

〝天国に独りでいたら、それほど不幸なことはない〟

これはヨハン・ヴォルフガング・フォン・ゲーテの言葉とされています。

だから自分を大切に幸せであろうとするなら、**自分のそばにいてくれる人も大切**にする必要があります。

そして、いくら自分と周りを大切にしようとしても、国のルールや安全保障、税金の使われ方がメチャクチャだったらどうでしょう。

食べものや医療までもが「商品」になってしまったら？

雇用はなくなり、賃金は上がらず、物価だけが上がり続けたら？

気候変動で地球が悲鳴を上げるようになったら？

そう考えると、自分と周りを大切にしたいなら、政治や食、医療、経済、環境などに無関心ではいられなくなります。

そもそも「無関係」ではいられないのですから。

「自分を大切にする」って、そんな簡単なことじゃないでしょう？
「自分を大切にする」を突きつめると、社会をより良くしていく必要がどうしても出てきます。

だから今、社会で問題が絶えないのはむしろ、**「自分を大切にする」ことができていない人が大多数**だからなのだと思います。
例外もあるかもしれませんが、基本的には人は満たされれば人に優しく、満たされていないと人に冷たくなる生きものだと思います。

だから、他の何よりもまずは、自分自身のことを大切にしましょう。

すべてはそこから始まります。

第2章　時間とお金

〜本当に価値のあるものは？〜

Q.2 日本円より約3倍のスピードで使われる通貨、なぜ？

ドイツのキームガウと呼ばれる地域を訪問しました。そこでは、「世界で最も成功している地域通貨」が使われています（「キームガウアー」といいます）。

その通貨は、僕らが使っている日本円と比べて、約3倍のスピードで使われているため、その地域の経済活性化に大きく一役買っているといいます。その通貨がそれほどのスピードで使われるようになった理由は、今の通貨にはない「ある仕組み」を導入したからだそうです。

さて、どんな仕組みを導入したのでしょうか？

答えは、通貨に日付が入っており、時間と共にお金の価値が減っていく仕組みです。

仮に1年で10％だとすると（実際は1年で8％）、この地域の通貨で貯金を100万円持っている人は、1年使わないで置いておけば、勝手に90万円に減ってしまいます。ビル・ゲイツみたいに10兆円持っていようが、1年で1兆円を失います。

さて、ここであなたが今日や昨日にお金を払って買ったものを1つ、頭に思い浮かべてみてください。

お金で買うことができる（ほぼ）すべてのものは、時間と共に価値が減っていきませんか？

食べものは、時間が経って腐ると売りものになりません。スーパーを閉店間際に訪れると、「30%OFF」といったシールが貼られていますよね。

服も着れば着るほど傷みますし、建物だって車だって老朽化していきます。

お金で買うことができる「自然物」は、時間と共に価値が減っていくにもかかわらず、**お金だけは価値を保存できるという、「不老不死」ともいえる自然の摂理に反した仕組み。**

この仕組みこそが、お金を神様のようにしてしまって、つり合う予定だった「お金」と「お金で交換ができるもの（地球の資源など）」とのバランスを崩している、とその地域の人たちは言います。

お金はあくまでも「人間の発明（もしかしたら人類史最大の発明かもしれません）」にすぎず、ただの数字なので、いくらでも増やすことができます。

それに比べて、人の時間や健康、地球の資源といったものは1度壊れると、お金をいくら使っても元通りにできないことが多いです。

それなのにお金のほうが強いという仕組みを続けるのであれば、それらが壊れていくのは時間の問題（実際に今そうなっていっているように）。

だから「社会問題を解決するためには、お金を弱くする必要がある」ということで、ドイツのこの地域では、「腐るお金」と呼ばれるこの通貨が今も流通しています。

20世紀には、隣国のオーストリアでも同じ仕組みのお金が流通していたそうです。この仕組みにした結果、人々は「自然こそ本当に価値のあるものだから、自然を大事にしよう」となり、木を植え出したといいます。

また、このお金は持っていてもどうせ減っていくので、貯め込まれず、血液のように循環します。

大学で心理学を研究しましたが、人間は「何かを手に入れたい」という欲求よりも、**「1度手に入れたものを減らしたくない」**という欲求のほうが強く、1度貯め込んだものは使わない傾向にあります。

さらに言えば、人の欲求には限りがなく、100万円の貯金がないと不安と思っていた人が100万円貯めると、次は200万円ないと不安になっていきます。

安心を買うためにやっていたはずの貯金が、あなたを不安にするのです。

オーストリアの例では、このお金の仕組みにする前は「失業率約20%」という大不況だったのが、このお金の仕組みにしてから景気が劇的に良くなり、たった2年で「失業率約20%⇩0%」になったといいます。スゴい話です。

お金で魚が絶滅したロシアの湖

資本主義は限界に来ていると思う。

まだ、「お金」というものがなかった頃の話です。


ロシアには「バイカル湖」という湖があります。

遠い昔、その湖の周りに住む人は、毎日必要な分だけの魚を獲って暮らしていました。（必要以上に魚を獲りすぎたところで、腐っていくだけだからあたりまえと言えばあたりまえですね）

獲った魚は近所の人たちと分け合い、良い生活を送っていたそうです。

しかしその地域にある日、「お金」というもの（仕組み）がやってきます。

獲った魚をお金に変えられるなら、獲れば獲るほど、自分の（蓄えることができる）富が増えていきます。

やがて、この湖の魚は、最後の一匹まで獲り尽くされてしまったといいます――


まるで今、世界中で起きていることのようですね。

（ちなみに、今のバイカル湖には多くの生物が生息しています）

お金と無縁な生活をしている人はほとんどいません。むしろほとんどの人は、お金に毎日振り回されて生きているように見えます。

人がお金を追いかけるのは、生きていくための食べものや住む場所がお金で手に入るからでしょう。

大昔は「物々交換」をしていたというので、なるほど今はとても便利になったように思えます。

しかし、先に書いた通り、**「お金」と「お金で交換できるもの（自然物）」は、今の仕組みだとバランスが取れていません。**

例えば食べものであれば、必要以上に持ちすぎても腐っていくだけなので、人に分けるでしょう。

だけどそれがお金に代えられるなら、お金はいくらでも、いつまでも持つことができます。

必要以上に持っているものがあったとしても、それを人に分けるぐらいなら、少しでもお金に変えて貯め込むことで、安全欲求や承認欲求を満たそうとするでしょう。手元に食べきれない食べものがあれば、それを人に分ける人はいても、手元にある使いきれないお金を人に分ける人はほとんどいませんね。

今の日本（と世界のほとんどの地域）で使われているお金の仕組みは、生まれたときからあったもの。

疑問を持つ人がほとんどいませんが、人類の数百万年という長い歴史の中で見たときに、長く見積もっても数百年という、いわば実験段階にある仕組みなのです。

そんな短い間にも、バブルの崩壊やリーマンショックなどの大事件がありました。

あの紙切れに振り回されて、１度きりの人生における貴重な時間や他のかけがえのないものを失う人がたくさんいます。

また、地球環境が限界に来ていると言われています。

日本（と世界のほとんどの地域）で使われている今のお金の仕組みは、見直すタイミングに来ているのだと思います。

（今起きている問題の多くは、資本主義という「エンジン」の故障というより、民主主義という「ブレーキ」の故障が原因だとも思いますが）

お金も、自然の摂理に沿って、時間と共に価値を失いさえすれば――

給料は麻薬？

本当にやりたいことがあるけど今の仕事を辞められない。

小学校や中学校で講演をしていると、「お金」に関する質問をよく頂きます。
その中には、こういう質問がよくあります。

「世の中、お金がすべてですよね⁉」

良くも悪くも、お金に関心を持つ年齢が下がっていることに驚いています。
（この質問には、「お金がすべてだと思っている人は、お金より素敵なものをまだ見つけられていない人だと思うよ」と答えています）

経済的な豊かさを表すモノサシとして、あまりにもよく用いられる「ＧＤＰ（国内総生産）」。
ですが、世界で「ＧＤＰ」が高い国と、「幸福度」が高い国のランキングを並べてみると、その２つにはビックリするくらい関係がないのです。

2023年の日本のGDPは世界で4位、アメリカが1位。一方、日本の幸福度ランキングは47位、アメリカは15位。

同じ国の中、例えば日本の都道府県で見ても、同じく関係がないです。例えば東京都は、「GDP」では日本1位ですが、「幸福度」では28位。（1人当たりのGDPではどうなの？「幸福度」はどう測るの？ など気になる方は、ぜひご自分で調べてみてください）

あのハーバード大学も、85年にわたる研究の結果、こう結論づけました。

〝人間の「幸せ」と「お金」には関係がなかった。関係があったのは、「良い人間関係」だけだった。〟

「経済的な豊かさ＝幸せ」というのは、「真っ赤なウソ」という証拠が、今ようやく出そろいました。

だとすると、幸せのためにお金を追いかける子どもが増えているのには心配があります（最低限必要なことは否定しません）。

「幸せのためにお金を追いかけ続け、50代や60代になってやっとたくさんお金が手に入ったとき、それは自分を幸せにしてくれないとわかりました」

そんな人生は虚しすぎると、僕はどうしても思ってしまいます。

今の子どもが、「世の中、お金がすべて」と思ってしまっているのは、少なからず大人による影響があるのかもしれません。

また、現代社会は様々な「合法の麻薬」であふれていると思います。

その中で、「給料は麻薬」という言葉があります。
もしかしたら、最も強力な麻薬かもしれません。

サラリーマンでしたら、毎月決まった日に、決まった金額が振り込まれます。
人はまるで禁断症状のように、毎月のその日を待ちわびるようになります。

それさえあれば、どうにかこうにか雨風がしのげる家に住み、食べていくことができる、とても魅力的なものであることは間違いありません。
この給料があるから、社会は回っていて、それに恩恵を受けていることも間違いないでしょう。

しかし一方で、それが人から奪っているものもあると思います。

時間(特に若さ)と冒険心、そして夢などです。

（給料をもらいながら叶えられる夢もあるとは思います）

１度その味を覚えたら、それを失うことがこわくなり、それを失うことをこわがり続けている間に若さを失い、「あのときあれに挑戦しておけば良かった」という後悔にさいなまれながら、人生の幕を閉じてしまう。

僕は20代のとき、この給料というものをもらい続けることが漠然とこわくなり、それを捨てることを決めました。

不安がなかったと言えばウソになります。他に収入源のあてがあったわけでも、貯金があったわけでもありません。

ただ漠然と、このままだと自分の人生は先が見えている気がしました。

それに、追いつめられたときこそ自分は力を発揮できるだろうと、自分の可能性を信じていました。

日本にいる以上は、最悪いくらかの借金を背負うだけで、命をとられるわけではないということも心強かったです（結局日本を出ましたが）。

結果、今では24時間を自分の思い通りに使うことができ、誰の指図も受けずに生きることができています。

あのとき、勇気を出して本当に良かったと思います。

繰り返しになりますが、給料をもらっている人を否定したいわけではありません。
ただ、自分の中にくすぶっている火がある人には、1度給料を断ってみることをオススメしたいとは思います。

あなたの冒険の物語は、そこから始まるかもしれません。

参考文献

・「ＩＭＦ（International Monetary Fund)」
https://www.imf.org/en/Home
・「世界の幸福度ランキング（２０２３）」
https://worldhappiness.report/（UN Sustainable Development Solutions Network)
・「令和３年度 県民経済計算　内閣府」
https://www.esri.cao.go.jp/jp/sna/sonota/kenmin/kenmin_top.html
・「第５回地域版ＳＤＧｓ調査２０２３（ブランド総合研究所）」
https://www.tiiki.jp/index.php
・ロバート・ウォールディンガー
「人生を幸せにするのは何？最も長期にわたる幸福の研究から」
https://www.ted.com/talks/robert_waldinger_what_makes_a_good_life_lessons_from_the_longest_study_on_happiness

お金で買えるのは〇〇が付いているものだけ

お金で買えないものはありますか？

「お金で買えないものがある」という話はよく聞きますが、「お金で買えるもの」の話はあまりされません。

現在、生きていく上で必要不可欠なものを買うだけのお金が本当にないから苦しんでいるという人よりも、「お金が自分を幸せにしてくれる」という根拠のない思い込みに心をとらわれ、人と比べて自分の年収がどうだ、貯金がどうだ、そういったことで苦しんでいる人がほとんどです。

色々な国や大学や研究者が、「お金と幸福は関係がない」ということを、これでもかというぐらい唱えてきたにもかかわらず。

この「お金＝幸せ」は、もう「神話」と言ってもいいぐらい盲信されている気さえします。

「お金教」が人類史上最も成功した宗教であるかと思えるほど。

1番の悲劇は、その幻想から覚めるためには、「1度持ってみる」のが1番効果的かもしれないということ。

僕は家が決して裕福とは言えず、学生のときからたくさん働いていました。起業みたいなことを繰り返しているうちに、20代のときには、ある程度まとまったお金が手に入ったこともありました。

そのとき、実感したことがあります。

それは、**「お金で買えるもの」＝「値札が付いているもの」**だということ。

お金で

買えるもの	買えないもの
家	家庭
薬	健康
本	知識
通訳	語学力
地位	尊敬
労働力	友達
時計	時間
快楽	幸せ

「値札が付いているもの」に、僕が欲しいものはそれほど多くありませんでした。強いて言えば、海外への航空券と、たまに大切な人をちょっと豪華なディナーに連れて行くことぐらい。

だから、それぐらいあれば良くて、それ以上を追い求めた場合は、**心身の健康と、1度しかない人生の時間の浪費**だと割り切って生きるようになりました。

「値札が付いているもの」を欲しがることを否定しているわけではないです。

ただ、自分の人生で何を大切にするかは人それぞれで、**自分は何がしたいのか、それにはどれくらいお金がかかるのか、それをハッキリとわかっていたほうが良い**という話です。

裕福ではない家庭で育ったからか、僕もお金にどこかコンプレックスを持っていて、お金が劇的に何かを変えてくれるという幻想を抱いていました。

でも、少なくとも値札が付いているものに、僕を幸せにしてくれるものはありませんでした。

僕が１番求めていたのは**「充実感」**でした。
お金はそれを僕にもたらすのに、ほとんど何の役にも立ちませんでした。

お金が「必要（ＮＥＥＤ）」なことは否定しません。
だけど、「必要（ＮＥＥＤ）」と「欲しい（ＷＡＮＴ）」は似て非なるものです。

それがわかってからは、お金を軸に物事を考えなくなりました。
お金を軸に物事を考える人からは、僕の考えは理解されなかったりしますが、軸がそもそも違うのでそれも仕方ないと思います。

人生の目的は、幸せになることだと考えてみましょう。

先にも書きましたが、ハーバード大学の研究で「あなたが幸せに健康に生きるために最も大切なもの＝良い人間関係」と判明しました。

お金ばかり追いかけていると、新しい人と出会う機会が減ったり、せっかくできた友達とも会えずに疎遠になったり、周りの人からの信用を失ったり（反対にお金で得られる信用もありますが）、心や体の健康を損ねたりするかもしれません。

幸せを軸に考えると、お金を必要以上に追いかける生き方は間違っているように見えます。

「必要（NEED）」と「欲しい（WANT）」は違うのですから。

お金より大切なものはたくさんありますが、そのほぼすべてにお金がかかることも事実でしょう。

でもだからといって、お金を優先順位の１番にしてしまったら最後、あなたはその他のすべてを失うでしょう。

お金よりも、人を大切にしましょう。大切な人と笑い合う、かけがえのない時間を。

最後に、『トム・ソーヤの冒険』の著者として有名な作家マーク・トウェインの言葉が心に響いたので紹介します。

〝かくも短き人生に、争い、謝罪し、傷心して、責任を追及している時間なんてない。愛し合うための時間しかない。それがたとえ一瞬に過ぎなくても、良い人生は良い人間関係で築かれる。〟

貯金の8〜9割は使わないで死ぬことが判明

貯金はいくらくらいあったほうがいいですか？

僕は貯金をしたことがありません。

（留学に〇〇円必要とかで、それを貯めたことならあります。「特定の目的と額が決まっていない貯金」はしたことがないという意味です）

それには僕なりの理由があって、大きく5つあります。

①明日死んだら、使っておけば良かったと思うから

例えば1000万円貯めたとします。突然の事故か何かで死ぬとなったら、死ぬ瞬間、「使っとけば良かった――!!」となりませんか。

人は必ず死にます。それがいつかなんて、誰にもわかりません。

だから「生きる」を先送りにしたくないのです。

やりたいことは今やらないと、できないまま死ぬかもしれないのです。

②いざとなれば、借りればいいと思うから

「いざというときのために」と貯金している人もよく見ますが、本当にいざとなったら、借りればいいと僕は思っています。

○○円貯めることができる人は、○○円返せる人だと思います（もちろん利子によるところはあるかもしれませんが）。

それに、○○円貯めたところで、○○円では足りない「いざ」が起きたら、いずれにせよ借りるしかないかもしれません。

だから僕は、お金を貯めておくこと以上に、**いざというときに頼れる、信頼関係を築けている人がいる**ことのほうが大切だと思っています。

③貯金すればするほど、使えなくなると思うから

人は「何かを手に入れたい欲求」より、「手に入れたものを失いたくない欲求」のほうが強いです。

通帳の数字を増やすということそのものが目的化したとき（それが趣味という人もいますが）、人はその数字が少しでも減ることを恐れるようになります。

そこに論理的な思考は存在しないことが多く、その人はより不自由になっているように見えます。

ベストセラーになったビル・パーキンス氏の『DIE WITH ZERO』によると、実際に人は、貯金のうち8〜9割は使わないまま死んでいっていることが統計でわかった

そうです。

④人生の早いタイミングで色々な経験をしたほうが、それを活かせる時間も長いから

人生80年だとして、お金は人生の究極の宝ものになる「経験」と交換することができます（ここで言う経験は、「英語が話せる」や「資格」といったものも含みます）。

例えば30代のときに、お金を使って○○を経験すれば、それを活かして人生を豊かにする時間が、まだ40～50年も残っています。

「もうそんなに若くない」と思っている人も、10年後、今の自分を振り返ってみれば、今の自分がいかに若かったかに驚くと思います。

⑤加齢と共に体力を失えば、お金を使ってできることも減っていくから

僕は36歳になった今、かつて20歳の頃にも周ったヨーロッパを再び周っています。20歳で周ったときは、みなぎってくるエネルギーが今より明らかにスゴかったことを痛感しています。

お金があっても、加齢と共に体力を失っていけば、その分お金を使ってできることも減っていきます。

若さも、健康も、命も、いつまでもあると思わないほうがいいということです。

ここに書いたことはもちろん、僕の価値観にすぎません。

価値観は人の数だけあるので、違う考えもあってもちろんいいと思いますし、子どもがいれば、また考えが違ったりするでしょう。

大切なことは、**「あたかも一万年も生きるかのように行動しない」**ということなのだと思います。

お金が人生を豊かにするのではなく、それを使って得られる「経験」こそが人生を豊かにしてくれます。

だから「経験」にこそ、人生のできるだけ早い段階で、惜しみなくお金を僕は使いたいです。

参考文献

ビル・パーキンス（著）、児島修（訳）
『DIE WITH ZERO 人生が豊かになりすぎる究極のルール』
ダイヤモンド社、２０２０年

「投資する」でなく「投資される」側になる

やりたいことが
たくさんあるけど、
お金に困りそう……

ある小学校講演で小学生からもらった相談です。

これをきっかけに、「お金に困る」という言葉の意味について、掘り下げて考えてみました。

結論から先に言うと、大きく分けてこの2つだと思います。

①貯金がゼロの状態になって、借金するのがイヤだ
②借金する覚悟はあるけど、貸してくれる人がいない

まず①について言えば、日本はとにかく借金はしたくないという人が多いように思います。

価値観は人それぞれだけど、僕個人に関して言えば、先に書いた通り借金がイヤだとは思っていません。

むしろ、人生でやりたいことがあるのに、それをお金が足りないことを理由に後回しにするくらいなら、借りてでもその場ですぐやってきました（すべて返しました）。

これは個人の話で言うと少し乱暴に聞こえるかもしれないし、誤解を与えるかもしれませんが、多くの企業がやっているのはそういうことだと思います。

僕の場合は、生まれたときから家に多くの借金がありました（返済し終わったので、今はないです）。

それに、自分でもこれまでに会社をつくったりつぶしたりしてきたので、何度も借り入れをしました（返しました）。

貯金がゼロというラインがあるとして、貯金の場合をプラス、借金の場合をマイナスだとします。

お金は、死ぬまでそのプラスとマイナスを波のように行ったり来たりする心電図のような「目盛り」ぐらいにしか思っていないのかもしれません。

大切なのは、「生きている間に何をするか」だけ。

失ったお金は取り返せる可能性がありますが、失った時間は何をしても取り返せません。

時間でお金は買えても、お金で（失った）時間は買えません。

次に②（借金する覚悟はあるけど、貸してくれる人がいない）について言うと、人間関係を大切にしてきたおかげで、お金を貸してくれる人が僕には少なからずいます。

「人生をかけて、自分にはできない面白いことをしようとしている人だから、喜んで貸すよ」

そんな嬉しい言葉をくれる人もいます。

こんな話をすると、「貸してくれる人がいるなんて恵まれている。私にはいないと思う」と言う人もいます。

確かに、とても恵まれていると思いますし、感謝しかありません。

だけどそう言う人は、本気で人に頼んでみたことがあるのでしょうか。

僕は10代の頃からそれをやっていました。

（そのときは信用がほぼないからとても大変でした）

繰り返しになりますが、「お金に困る」ということは突きつめると、①「借金をしたくない」という感情の話か、②「貸してくれる人がいない」という信用の話なのだと思います。

僕個人に関して言えば、お金を借りることには抵抗がないので、「信用」だけはこれからも大切にしたいです。

日本の学校でも、お金の教育が始まりました。

その内容を見ると、「貯金する」から、ＮＩＳＡを始めようなどといった「投資する」へ、という話のように感じます。

しかしなぜ、「投資する」ではなく、**「投資される」**という話にはならないのでしょう。

世界のお金持ち上位ランキングは、ウォーレン・バフェットを除き、「投資される」側の人が占めています。

また個人の話だけではなく、社会や国単位で考えてみても、「投資される」側が増えない限りは、先がないように思えます。新しいものが増えていかないからです。

「投資される」というと、大きな話にとられがちですが、**「応援される（応援したくなる人になる）」**と考えても良いかもしれないです。

才能もやる気もある若い人に対しての教育だからこそ、「貯金する」か「投資する」か、だけではなく、「投資される（応援される）」という選択肢を外さないように気をつけたいです。

どうやったら何事もうまくいきますか？

18歳のとき、どうしてもイギリスに留学したくなり起業しました。

そのとき、僕には「この人スゴい……」と思う人が2人いました。2人とも、海外経験がある日本人でした（カナダと中国）。

だから、その「海外経験がある」ということが大切なんだと思い、留学しました。

調べてみると、留学には、当時の僕にとっては大きな金額が必要だということがわかりました。僕の家は裕福ではなかったので、そのお金は自分で用意する必要がありました。

最初、バイトを4つかけ持ちしてみましたが、それでも全然足りないということがわかりました。先に書いた通り、人に借りる方向で動いてもみましたが、当時の僕の信用ではそれは成りませんでした。

となるともう、自分でビジネスをおこすしかありません。18歳で起業というと、今ならともかく、当時だと驚かれることもありました。

けれど僕には幸運にも、10代のときから自分でビジネスをおこしている兄がいました。

だから起業という選択肢に抵抗がなかったのだと思います。

僕の起業は思ったよりとてもうまくいきました。

そうして僕は、無事イギリスに留学することができました。

今お伝えしたいのは、僕がしたことは、たまたまうまくいっただけということです。他にも何十倍、色々なことを試しましたが、他はどれもイマイチうまくいきませんでした。

「色々試してみて、たまたまうまくいったことを、それっぽい理由を後付けしてドヤ顔で話す」

これが、何かがうまくいった人の大半に対して僕が抱いているイメージです。

何が言いたいかと言うと、うまくいっている人の大半は、頭や運が良いというわけではなく、**１番たくさん失敗（試行錯誤）した人**だということです。

その不都合な真実から目を背ける人が多いように思います。

そして、やる前からうまくいく方法を頭で考えているだけで何も行動していなかったり、うまくいっている人は何か特別な能力があるはずだ、という方向に考え、勝手に締めたりします。


やる前からうまくいくかどうかわかるという幻想は捨て、とりあえずやってみる。

やってみてダメだったとしても、やってみたからわかったことは必ず自分の血肉になる。

それを元に、別のやり方を試し、そのサイクルをできるだけ早く回す。
それが1番大切なことで、それしかないのだと思います。

僕は正直、自分は地頭が良いほうだと思っています。
だけど、やる前からうまくいくかどうかがわかるとは思えませんし、わかる人がいるとも思いません。

「やってみなきゃわかんない」
本気でそう思っています。

知ることも、覚えることも、動くことも、考えることも大切ですが……

この中で1番大切なのは文字通り**「知覚動考《ともかくうごこう》」**。

「バスケットボールの神」と呼ばれた、マイケル・ジョーダンの言葉を紹介します。

〝今までにミスしたシュート9000本。
負けたゲーム300回。
ウイニングショットを任され、外したこと26回。
ずっとミスをしてきた。
何度も、何度も、何度も。
だから、俺は成功する。〟

自分の武器をつくりたいけど、
人より特に秀でている
ことがない。

あることで、「１００万人に１人」になることって、とても難しいです。それこそ、そのことでは日本でベスト１００に入る、みたいな割合ですから。

だけど、「１００人に１人」になることはできます。

〝名人にはなれなくとも上手にはなれる〟という言葉もあります。

そして、「１００人に１人」を３つ持つことができたなら、それは「１００万人に１人」になったということになります（１００分の１×１００分の１×１００分の１＝１００万分の１）。教育者の藤原和博氏もおっしゃっていることです。

何かの分野で「１００人に１人」になるためには、５年それに打ち込めばなれると言われています。これまでの人生で、すでにあることに５年打ち込んできた人もいるでしょう。そういう人は、すでにそのことにおいては、「１００人に１人」となっている可能性が高いです。

だから、他のことにこれから打ち込み、そのことでも「100人に1人」になれれば、「1万人に1人」の人間ということになります。

何か新しいことに挑戦しようとしている人から、よく相談を受けます。

挑戦したいことが複数あり、その中で迷っている人には、僕は**「全く新しい分野」**をすすめています。

人は、これまでに自分がやってきたことを活かすため、似たことに挑戦したがります。そのことも全く否定はしません。素晴らしいことです。

だけどそれでは、この先の広がりはないと思うのです。

人生100年時代と言われています。

つまり、まだ50歳にも満たない人は、人生の折り返しにも達していません。

そんな若い今だからこそ「全く新しい分野」に挑戦することをすすめています。

どれだけ新しいことでも、５年、一生懸命に打ち込めば、そのことで「１００人に1人」になれるでしょう。これまで打ち込んできたものとかけ合わせれば、それはそれは幅広くて面白い自分になるでしょう。

５年というと長く感じるかもですが、何にも挑戦せず、ただボーッとしていても、5年なんてすぐ過ぎます。

僕もこのことを意識して、とにかく全く新しい分野に挑戦してきました。

10代のとき、ｂｅ動詞が何かわからないままイギリスに行き、英語とコミュニケーションに打ち込みました。

20代のとき、コピペもできないままＩＴ業界に飛び込み、ＩＴとコンサルティング、金融に打ち込みました。

30代になると、ＳＮＳのアカウントをつくり、ＳＮＳと環境活動とプレゼンテーションに打ち込みました。

英語×コミュ力×IT×コンサル×金融×SNS×環境×プレゼン……

何だかよくわかりませんが、色々なことがある程度できるようになり、すべてが役に立っていて、点と点が繋がってきました。

ここで2つ大事だと思ったことがあります。

1つ目は、**何もしていなければ、いまだに何もなかっただろう**ということ。

何もせず、何もない人ほど、行動でなく天性のようなもののせいにしたがりますが、何かある人は、何かしたというだけ。何もしないと何もないのはみんな同じです。

できないからやらないのではなく、やらないからできない。

2つ目は、**何か新しいことに挑戦するときは、周りの人にはムリだと言われる**ということです。

それでも新しいことに挑戦したければ、大切なのは「自分を信じる力」だと思います。

「ムリだ」と言うその人が示したのは、あなたの限界ではなく、**その人の限界。**

あなたの小ささではなく、その人のモノサシの小ささです。

参考文献
藤原和博
『100万人に1人の存在になる方法 不透明な未来を生き延びるための人生戦略』
ダイヤモンド社、2019年

ヨーロッパは労働時間が
とても短いと聞きました。

「日本人は時間に厳しいと言うけど、あれウソだよね。始まりの時間は守るけど、終わりの時間は守らないじゃん」

日本で働いているヨーロッパ出身の友達に言われて、目からウロコだったことです。

確かに、日本は残業が多く、労働時間が長いことで知られています。

ドイツに移住して会社を立ち上げたとき、ドイツの労働環境について色々学ぶ必要が出てきました。

ドイツ商工会議所の50周年を記念して実施された賞の審査員を務めさせてもらうこともありました。

ドイツの労働環境は、日本の労働環境に比べ、うらやましい限りのものがあったため調べてみました。

■労働時間

・1日の労働時間は、10時間を超えてはならない。
・社員を10時間超えて働かせていた場合、その課の責任者に罰金が科せられる。
・労働時間法に違反した場合の罰金の最高額は、日本円にして約200万円。
・労働時間が長い企業は世間から嫌われる。
・17時を過ぎると、それ以上仕事ができないようにメールサーバーを遮断する企業も少なくない。
・ドイツの年間労働時間の平均は約1300時間で、日本の約1600時間と比べ約300時間短い。
※日本は「サービス残業」と呼ばれる、統計には加算されない労働時間もあるため、実際にはもっと長いと言われている。

■休暇

・年間最低24日の有給休暇を社員にとらせることが、法律で企業に義務づけられている。
・実際には大半の企業が年間30日の有給休暇を社員に与えている。
・有給休暇の取得率は、管理職を除いて１００％。
・日曜や祝日の労働は原則として禁止されている。

「企業の都合だけではなく、市民の自由、家族の幸せも守るべきだ」という考え方だそうです。

そんなドイツが近年、ＧＤＰでも日本を追い抜いたことが、日本でも大きく取り上げられました。人口でいっても、日本のほうが大幅に多いにもかかわらず、です。

その理由の１つとして、ドイツの「生産性の高さ」があげられています。

時間を大切にしているからこそ、限られた時間内に出すアウトプットにこだわり、結果として生産性が向上していくのだと思います。

結果だけを見ると、ドイツという「国」やその「政府」がスゴいと、とらえられがちです。

しかし、よくよく調べてみると、これらは**「労働者」の側が勇気を出して勝ち取ってきた権利**だそうです。

「経営者から不当な扱いを受けたら、断固として引くな。それはあなただけではなく、あなたと同じような境遇にある、何百万人という数の労働者の権利を守ることになるから」と言われました。

「そうは言っても……」といって、現状を変える行動をせずに、それを正当化する言い訳を並べることはとても簡単だと思います。実際に、難しいことが多々あります。

しかし、それでは何も変わらないんですね。

最近、労働環境に限らず、日本が抱える様々な課題を改善するには、これしかないと思うようになりました。


「それぞれの人が、今自分が身を置いている環境の中で、少しだけ〝嫌われる勇気〟を発揮する」


あなたの人生はあなたのもの。

人生は時間でできている。

その時間をもっと自由に、自分の使いたいように使う自由と権利が、あなたにはあります。

沈黙は容認。

人生は4000週間ぐらいしかない

もう○○歳になるけど、
○○できない毎日が続く。

〝「もし今日が人生最後の日だとしても、今日やろうとしていたことをやるだろうか？」

毎朝、鏡の中の自分にそう問いかける。

この質問に「ＮＯ」が続いたら、それは何かを変えたほうが良いサインだ。〟


これは、Ａｐｐｌｅの創業者であるスティーブ・ジョブズの有名な言葉です。


今日が日曜日だとしたら、先週の日曜日は何をしていましたか？

多くの人が、予定表を見るなどちょっとがんばれば、先週の同じ曜日に何をしていたか思い出せると思います。

それが、１週間という時間の短さ。


だけど1年間というものは、だいたい52週間ぐらいしかありません。

つまり、ラッキーで80年間生きられたとしても、4000週間ぐらいしかないということです。

そんなことをある学校講演で10歳の子に話していたら、10歳のこの子でもあと3600週間なのか……と、自分が驚きました。

あなたが今30歳だとしたら、2600週間ぐらいしか残っていないということになります。

そのうち元気に動けるのは、せいぜいあと1500週間ぐらいかもしれません。

自分じゃない人に対して、言い訳や、できない理由を並べることは簡単です。

だけど、そんな短い人生で、今やっていることに、あなた自身が違和感を抱いているのであれば——

いつかあなたが、「もっと○○しておけば良かった」と、後悔したり、今のあなたを責めたりするのであれば――

それは、他の誰でもなく、「今のあなた」に失礼ではないでしょうか？

余計なお世話かもしれませんが、思考停止や、可能性を決めつけずに、考えて頂けると嬉しいです。

１週間が、あと何千回しかないとしたら――
それすらも保証されていなくて、来週で終わるかもしれないとしたら――

あなたは今していることを、今週も来週も続けたいですか？

やりたくないことをやる時間も、好きでもない人と過ごす時間も、残っているわけがないと思います。

死ぬ瞬間にはどうでもよくなる、自分で自分を縛っている思い込みや執着をすべて捨てて考えたとき――

〝「もし今日が人生最後の日だとしても、今日やろうとしていたことをやるだろうか？」〟

第3章
死生観
～君はどう死ぬか～

Q.3 世界中の誰とでも食事できるなら誰を選ぶ？

「（生きている・死んでいるを問わず）世界中の誰とでも食事ができるなら、誰を選びますか？」

こう親たちにインタビューした企画があります。

あなたは誰と食事をしたいですか？

親たちはジャスティン・ビーバーやジミ・ヘンドリックス、ネルソン・マンデラなど、そうそうたる「著名人」の名前をあげました。

それに対して、その子どもたちは何と答えたでしょう。

みんな、「お父さんとお母さん（家族）と食べたい」と答えました。

涙が止まらなくなりました。

色々な解釈ができると思いますが、僕が思ったことの１つは、**子どものほうが「今」を生きている**ということ。

どういうことかというと、例えばこの質問に、「もし明日死ぬとしたら……」を付け加えたら、親たちも、子どもとの食事を選んでいたと思います。だけど、明日があたりまえに来ると思っているから、そういう回答にはならなかったのでしょう。

小さな子どもは、「すぐ戻ってくるから」と言われても、親と少し離れるだけで泣きじゃくったりします。その子にとっては、「今」がすべてなのでしょう。

僕は、子どものほうが幸せそうな人が多いと感じています。そのヒミツの１つは、この「今」への集中にあるのではないかと。これは大人も見習うべきだと思います。

最近また僕の周りで、僕くらいの年齢の人が亡くなりました。

決して、「明日が来るのがあたりまえ」などと考えるべきではないと思います。

「今」自分の眼の前で起きていることは、奇跡の連続。過去への後悔や、未来への心配ばかりしていないで。生きているうちにやりましょう。

これほどまでに短い人生で、「やってみたい」に出会えること、それができる健康な身体と束縛されていない自由があることは、それだけでとてもラッキーなことなのだから。

自分のお葬式をリアルに想像してみる

今の生き方が正しいか
わからない。

想像してみてください。

お葬式をしています。棺に入っているのは他でもない「あなた」。

そう、「あなた」のお葬式です。

縁起でもないかもしれませんが、いつか必ずその日は訪れます。

そのお葬式には、どんな人たちに参列してほしいですか？

またその人たちに、どんな言葉でおくってほしいですか？

「たくさんお金を稼いでいましたね」「大きな家に住んでいましたね」「カッコいい車に乗っていましたね」「ブランド物に囲まれていましたね」

こういった言葉でおくられたい人というのはいないそうです。

あなたが人生で積んできた徳だけが、清算される時間なのかもしれません。

とても大事なことなので、少し時間と神経を使って、真剣に考えてみてください。
どんな人たちから、どんな言葉でおくられたいのかを。

それがあなたの人生のゴールであり、他の誰でもない、あなたにとっての成功の形です。

そして、その人たちからそんな言葉でおくってもらうゴールには、今の生き方を続けていてたどり着けるでしょうか？

もし、今の生き方ではたどり着けなそうなら、それはあなたの生きる道ではなく、あなたにとっての幸せでもないのかもしれません。

何かを変える必要があります。

俗に言う成功者が幸福感を得られるのは一瞬で、すぐにまた不安と不満におそわれるのは、ここがブレているからだともいいます（あのスティーブ・ジョブズですら、死ぬ間際に後悔の念と共にそういった言葉をのこしたとも言われています）。

もし、今の生き方を続けてそこにたどり着けそうなら、あなたはすでに成功者なのだと思います。

『君たちはどう生きるか』という本がベストセラーになりました。しかし「どう生きるか」と言われても、なかなか考えるのが難しいかもしれません。

そういうときは対極にあるものを考えることで、イメージがつかみやすくなります。

つまり、**「君はどう死ぬか」**

明日死ぬつもりで生きる

死ぬまでには
〇〇してみたい。

「死ぬまでに1度は行ってみたい場所」
この決まり文句をよく耳にします。

だけど僕は、「死ぬまでに」というのはあまりオススメしません。
もしあなたの心の中にそんな場所があるなら、「一刻も早く」行くと心に決めたほうが良いと思います。

その理由は大きく3つあります。

①早くやればやるほど、残りの人生でもらえる「思い出配当（思い出であなたの人生が豊かになること）」が大きくなる

②年を重ねれば重ねるほど、時間とお金には余裕ができても、気力と体力がついてこなくなるから結局できなくなる

③明日死ぬかもしれない

僕は、明日死ぬつもりで生きています。

天国や地獄など、死後の世界は誰も知りません。
前世があるかも、生まれ変わりがあるかも、誰にもわかりません。
だけど確実なことが4つあります。

①人はいつか必ず死ぬ
②いつ死ぬかはわからない
③死んだら2度と生き返らない
④今は生きている

死を特別視する人ほど、やり残したこと、後悔が多いということなのかもしれません。死を特別視する人ほど、今を生きておらず、「生きる」ことすら先延ばしにしているのかもしれません。「いつか」なんて考えて、今をおろそかに生きている人に、「いつか」は死んでもやってこない。

「今」しかない。

「今」を活かすことの尊さを知らない人ほど、変えられない過去を後悔したり、まだわからない未来に不安を覚えたり、逆に妄想にふけったりします。

必死に生きた結果、死んでしまうことって、そんなにダメなことなんでしょうか？むしろ、生がまるであたりまえのことのように生きることのほうが、僕には違和感があります。

「ありがとう」の反対の言葉は？

1番価値観が変わった国はどこですか？

今の日本では、子どもが亡くなるというのはかなり珍しいことになりました。
しかし世界には、まだまだそうではない国がたくさんあります。

「U5MR」という、「5歳に到達する前に死亡する確率」を示す指標があります。
5人に1人は5歳になれないというアフリカのギニアに、学校をつくるお手伝いで行かせてもらったことがあります。

その国に行くまで、僕は先入観で、その国は不幸そうな人であふれていると思っていました。

しかし行ってみると、日本より幸せそうに見える人であふれていました。

それがどうしてなのか、僕なりに考えてみました。
そして、1つの結論にたどり着きました。

それほど死が身近にあると、**何１つとして「あたりまえ」ではない**のです。

今日も朝起きられたことも、朝日がまぶしいことも、今日もご飯にありつけたことも、風呂上がりに洗ってたたまれたタオルがあることも、家族がいることも、あの人たちに今日も会えたことも、そしてその人たちと笑い合えることも……

何１つ「あたりまえ」ではないのです。

そうなるともう、**感謝と喜びの連続。**

「あたりまえ」の反対は「ありがとう」。

それを肌で学んでからというもの、僕の人生は感謝と喜びであふれるようになりました。

「○○になったらどうしよう……」

こんな質問をたくさんもらいます。

僕は真面目なことをやっていると思われて勘違いされがちなんですが、僕自身は人生をそれほどシリアスにとらえてはいないです。

なんだったら、**「死ぬまでのヒマつぶし」**ぐらいに思っています。

どうせヒマつぶしなんだったら、できるだけ楽しいことをしようと思っています。

そう考えたら、自分だけが楽しいようなことなんて、たいして楽しくはないことにも気づけました。

世の中で起きている問題に、全力で取り組む。

それは簡単ではないからこそ、とても楽しいです。

そしてそうすると、**心の底からの「ありがとう」をもらえることが増えました。**

形だけではない、心の底からの「ありがとう」をもらったことなんて、いつ以来だっただろうか。心の底からの「ありがとう」がもらえない人生だったら、どれほど自分は虚しさを感じて生きていただろうか。

そこからです。

「幸せのかけ算」が始まったのは。

こんなに楽しくて、こんなに幸せなことはない。

人生なんて、瞬きする間に終わるほどの、短い時間なのだから。

シリアスにとらえすぎずに、思いっきり楽しんだもの勝ちだと思います。

〝人生は2つの生き方しかない。
奇跡などないかのように生きるか、
すべてが奇跡であるかのように生きることだ。〟
（アルベルト・アインシュタイン）

感謝と喜びを忘れずに生きよう。
すべてが奇跡なのだと気づこう。
「あたりまえ」だと思っているそれも、いつかあなたのもとを去るのだから。

「あなたはあなたのままでいい」と育ててくれた両親

子どもをどういうふうに育てたらいいですか？

人は、人から「あなたの好きにしていい」と言われると、

「自分の考えや選択には価値がある」

「この人は自分を信頼してくれている」

そう感じるといいます。


反対に、頭ごなしに否定されたり、考えを押し付けられたりすると、

「自分の考えには価値がない」

「この人は自分を信頼してくれていない」

そう感じ、考えをもう話さなくなったり、考えること自体をしなくなったりするといいます。


「自分の人生だから、自分の好きに生きていい。だけど責任は自分でとりなさい」

両親からそう言われ続けました。

「勉強しなさい」「学校に行きなさい」こういったことは言われたことがないです。
この人たちは、自分の考えを尊重してくれていて、自分を信頼してくれていると感じました。

自分を信頼してくれている人を、人は好きになる。

人は好きになった人のことを悲しませたくないと思うし、また喜ばせたいと思います。自発的に両親が悲しむことはしないようになったし、喜ぶことをするようになりました。そこからはもう、良い循環しかないです。

また、とても誠実な人たちだと思っています。
僕の人生に自分たちは責任をとれない、自分たちは先に死ぬ、僕の人生の責任は僕にしかとれない、そう伝え続けてくれたから……

今のような感じで生きてきたから、学校では叱られっぱなしでした。
だけど両親だけは、そんな僕を認めてくれていました。
「そのままでいい」といつも言ってくれました。

本当にそう思っていたのかもしれないし、細かい良し悪しの話より、僕の心身の健康のほうが重要だと思ってくれていたからかもしれないです。

叱るときは、3つしかありませんでした。
①自分の命に関わるほどキケンなことをしたとき
②人をキズつけたとき
③ウソをついたとき

おかげさまで、細かいことは気にせずに、好きに、そのままで生きています。だけど、教わった人生で本当に大切なことだけは見失わないように生きていきます。

人に自分の人生の責任をとってもらう気は1ミリもありません。自分で完遂します。自分の人生に責任をとってくれない人の、無責任な言葉に自分を見失うということもありません。

理想論かもしれないし、人それぞれだから、一括りには言えないと思いますが、僕は「好きに生きていい」「そのままでいい」と言ってもらえて、本当に良かったと思います。そうじゃなかったら、僕の小さいココロはとっくの昔に壊れていたような気がします。

「人生のターニングポイントはいつですか？ 起業したときですか？ イギリスに留学したときですか？」という質問を頂いたとき、正直にこう答えました。

「僕の人生のターニングポイントは両親の元に生まれてきたときです」

子どもにどんな声がけをしたほうがいいですか？

「どんな子どもでしたか？」とよく聞かれます。

「大人の言うことに従わない子でした」

だけど不思議と、親の言うことは聞いていました。

最近まで、「親だから」僕は言うことを聞いていたのだろうと思っていました。

だけど最近、ようやく気がつきました。

「親だから」言うことを聞いていたのではなく、**「尊敬できる人」**だから言うことを聞いていたのだ、と。


そう考えてみると、先生でも、他の大人でも、その人が尊敬できる人であれば、僕は言うことを聞いていました。「尊敬できる人」というと、いわゆる「偉人」のような人を思い浮かべるかもしれません。

だけどもっとシンプルなことです。

- **口で言っていることと、実際にやっていることが一致しているか**
- **誰にでも平等に接しているか**（目上の人には媚びへつらい、そうではない人に威張るような人は尊敬できません）
- **感謝をして、それをちゃんと口に出して伝えているか**
- **自分が間違ったと思ったら、**（相手が子どもであっても）**ちゃんと謝罪をしているか**
- **人の幸せを喜び、人の不幸を悲しむことができるか**

これらが、その人を尊敬できるかどうかに関して、最も大きな要素だったように思います。人として最も大切なことだと、子どもながらに感じていたのだと思います。

「○○が言うことを聞いてくれない」という言葉をよく聞きます。○○は、子どもだったり、パートナーだったり、部下だったり、同僚だったり、様々です。子どもだったら思春期など、難しい年頃なども確かにあるかもしれません。

だけどまずは自分が、人に言うことを聞いてもらえるような、尊敬される人であるのかどうか。完璧にはできなくても、少なくともそうあろうとする努力をしているのかどうか。

それが1番大切なことなのだと思います。

自分に問いかけてみましょう。

「自分は、口で言っていることと、実際にやっていることが、全然違う人になっていないだろうか？」

僕はお父さんとお母さんが何を言っていたかなんてあんまり覚えていません。

だけど、お父さんとお母さんが**「どういうあり方をしていたか」**、その背中に魅せられたことは鮮明に覚えています。

それがとても素晴らしいものだったから、自分に甘い弱い僕だけど、日々を一生懸命に生きられています。

学校の先生も、社会の大人も、会社の上司も、恋人も、友達もそう。

どれだけ良いことを言おうとがんばっていようが、何を言っていたかなんてあんまり覚えられないです。

だけど、「どういうあり方をしていたか」は鮮明に覚えています。

そしてそれらから、1番大きな影響を受けました。

どんな背中を見てきたかが、その人の人生を決めるといっても過言ではないくらいです。カッコいい人を見ると、「カッコいい背中に育てられたんだろうなぁ」と思います。

「自分はできていないけど、子どもや他の人には求める」は通用しないし、まずムリでしょう。

〝自分のうしろ姿は自分じゃみえねんだなあ〟（相田みつを）

人を変えようとする前に、ふだん自分の背中が人からどう見えているのかを考えてみましょう。みっともない背中を見せていないかどうかを。

自分の背中から始めてみましょう。

「自分」という旗を振って生きる

今の肩書きを捨てるのが
こわいです。

子どもの成績に順位をつけることを廃止したシンガポール。

そんなシンガポールの学校で、講演に呼んで頂く機会がありました。シンガポールでも、「来るなら会いたい!!」と言ってくれる人がたくさんいて、感動しました。

日本でもですが、海外で活動をしようとすると、決まって聞かれることがあります。

「どこの組織に属している人ですか?」

いつも正直にこう答えています。

「一個人です。どこにも属していません」

ここから、さらに詳しい取り調べのようなやり取りが相当続きます。国連総会での司会とスピーチの依頼を頂いたときもそうでした。

現代人は、組織に属するのがあたりまえらしいです。

僕は、人に指図されるのがこの上なく嫌いです。

自分の人生のハンドルは、1ミリたりとも人に触れられたくないです。


お金持ちの家に生まれたわけじゃない。

だけど、丈夫な体と、「命の時間」をもらった。

せめてお父さんとお母さんからもらったこの体と時間の使いみちぐらいは、自分で決めたかった。


どこに行って、誰と会って、何をするか。

自分の24時間の使いみちは、ぜんぶ自分で決めたかった。


だから個人として生きています（組織に属していると必ずしもそれができないかはわからないですが）。

個人でやっている理由は、他にもあります。
「個人でもこれだけのことができる」ということを証明したいです。
1人の人間が本気になれば、どれだけのことができるかを魅せ、勇気づけたいです。
活動していると、「私は一個人なので……」という謙遜をよく聞くからです。

そんなことはない。

あなたが本気になったときに、どれだけのことができるか。

だけど実際、どこにも属さず個人として生きていくのは、大変なこともあります。
経験や知識はもちろん、「実績」もとても大切です。だからそういったものは、場合によってはお金を払ってでも手に入れたほうが良いと思います。

金融投資が日本でも広まってきましたが、僕は徹底的に自己投資をしています。

自己投資に失敗はなく、成功か成長しかない。

僕が今、活動の幅を広げられているのは、1回目から始まり、今日で約2000回講演を続けてきたからだと思います。

どれだけ疲れていても、時間に追われていても、お酒に酔っていても、毎日必ず発信を続けてきたからだと思います。

だから、海外講演はありがたいです。海外の人に伝えられるのはもちろん、そういう実績が増えることで、興味や関心を持ってくれる人も増えますから。伝えたいことがもっと伝わりやすくなるし、やりたいことがもっとやりやすくなります。

「自分」という名の旗を掲げて、誇りを胸に今日も生きていこう。

人生は運ゲー？

自分は運が悪いことが多いと思う……

雨が降らない日が続き、水不足などに困ったとき、雨乞いの踊りをするある民族。
その民族が雨乞いの踊りをすると必ず雨が降るそうです。

なぜでしょうか？　このなぞなぞの答えは——

「雨が降るまで踊り続けるから」

毎日のように学校で色々な子どもと会っていると、「人生は運ゲーでしょ？」という子によく会います。
（「運ゲー」というのは、運だけで決まるゲームのこと。古くからあるわかりやすいものだと、「クジ引き」とか「ビンゴゲーム」のようなもののことです）

確かに、人生は運によるものも大きいと思います。そこは否定しません。

その上で大事だと思うことは**クジを引く回数に制限はない**ということです。

普通のいわゆる「運ゲー」では、クジを引く回数も平等に決まっています。クジ引きで片っぱしから引きまくったり、ビンゴのカードを何枚も持ってプレイしたりすればズルでしょう。

しかし人生では、何度クジを引いても良いのです。

であれば、片っぱしから引いていく人がうまくいきやすいのは、至極当然のこと。

それは人生においてはズルでも何でもない。

そして、片っぱしからクジを引くことができること自体、日本に生まれた既得権益でもあると思います。

それを、外れクジを引くことを「失敗」と呼んでこわがってしまう（そもそも自分以外誰も気にしていないのに)。

クジを引く前から、当たりはどれかをずっと考えてしまう(そんなのわかりっこないのに)。そういうことばっかりして、肝心のクジを全然引かないなら、うまくいくわけがないと思います。

僕は、「たとえ話」がうまいとよく言ってもらいます。「たとえ話がうまい人」というのは、物事の本質をつかんでいたり、共通点を見つけたりするのがうまい人。

俗にいう「うまくいっている人」に少なからず会って、共通点を考えていました。それは、IQでも学歴でも資格でも家柄でも見た目でもなく、**行動していること**でした。

自分の「無行動」は棚にあげて、生まれ持ったもののせいにすることは何のプラスにもなりません。

考えるばかりで動かない人が多いですが、動きながらでも考えることはできます。
僕が１番好きな本、『星の王子さま』にこうあります。

〝きみのバラをかけがえのないものにしたのは、きみが、バラのために費やした時間だったんだ〟

「意識」なんて伴っていなくてもいいので、まずは「行動」を変えてみましょう。

何度でもクジを引いていい、「人生」という名のゲーム。
行動する人からすれば、こんなにオイシイゲームもないです。
リスクがこわいという人もいるでしょう。気持ちはわかります。

だけど、1度生まれたら、後は死ぬしかない。
あと100年もすれば、今生きている人のほとんどは死んでいるでしょう。

そんなときに「自分がやりたいことをやらないリスク」以上のリスクなど、ほとんど存在しないように思います。

今やらなければ、今より老いた自分と、後悔を胸に生きることになります。
やりたいことがあるあなたは、行動すべきことがわかっているあなたは、とても恵まれていると思います。100年ぐらいの短い時間では、そういったものに出合えない人も大勢いるのだから。

思ったり、願ったり、祈ったりしても、何1つ叶いません。
自分の頭で考えて、具体的に行動しない限りは、何1つ叶いません。

アインシュタインの有名な言葉にも、こうあります。

〝私は天才ではありません。ただ、人より長く１つの事柄と付き合ってきただけです〞

続けてさえいれば、ブッチギリになれます。他の人はやめていくのですから。

Give up on giving up.（諦めるのを諦める）

参考文献
サン＝テグジュペリ（著）、河野万里子（訳）『星の王子さま』新潮社、２００６年

「諦め方」なんて知らないまま生まれてきた

何か大きいことをしたいと
思ったときに、最初に
何をすればいいですか？

小学校講演で、小学生にもらった質問。
僕の答えは――

「小さいこと」

だいたいの人は、いきなり大きいことをしないといけないと思っているから、結局何もできないのだと思います。だけどこれまでに、いわゆる大きなことを成し遂げた人というのは、小さいことをコツコツ積み上げた人なのでしょう。

ピラミッドは頂上からつくられはしない。
いきなり頂上の岩を置こうとする行為は、不誠実にもほどがあるかと。

誰にでもできることを、誰にもできないぐらい続ける。
それが大きいことを成し遂げる1番の近道、いや、唯一の方法です。

「レジ袋を断っても、捨てるときにどうせゴミ袋を使うから意味なくないですか？」

こういう質問もよくもらいます。

「少し太ったからって諦めて、ブクブク太ろうと思いますか？」

こう答えています。

「0か100か」極論にして思考停止することは簡単だけど、世の中はそんなに単純にはできていません。

あなたは今、「立って歩く」ということができていますか？

できているなら、それはあなたが諦め方なんて知らずに生まれてきたという証です（物理的に立って歩けない人がそうではないという話ではなく）。

いきなり立って歩けるようになった人なんていません。

何度も転んで、転んで、それでも諦めずに、「立って歩く」なんていう、まだ人生で1度もできたことがないことに挑戦し続けたんだです。
「できるか、できないか」なんてことすら考えず、痛みも、恐怖も乗り越えて、それでも挑戦し続けたんだんです。

もし、1回や2回転んだからといって、そこで諦めていたなら、あなたはまだ座ったままでしょう。

人は誰でも、本当は「諦め方」なんて知らない無垢なままに、輝いて生まれてきたのだから。
それを思い起こして、これまでに覚えてしまった「諦め方」なんて、この際すべて忘れてしまいましょう。

大人になると、挑戦し続けるあなたに、失敗し続けるあなたに、冷たい声が投げかけられるかもしれません。

大丈夫です。子どもの頃のように、挑戦し続けるあなたを、失敗し続けるあなたを、温かく支えてくれる人は必ずいます。

僕もそんな人たちに支えられながら、まだ人生で1度もできたことがないことに挑戦し続けています。

「できるか、できないか」じゃない。

「やるか、やらないか」。
あなたの人生は、あなたの生き方は、シンプルにこの2つしかない。

あなたは、本当は「諦め方」なんて知らない無垢なままに、輝いて生まれてきたのだから。

やった後悔とやらない後悔

変わりたいけど変われない。

チベットには、健康に長生きするための秘訣としてこんな言葉があります。

〝食べる量は「半分」、歩く量は「2倍」、笑う量は「3倍」、愛する量は「無制限」にすること〟

僕たちは健康を維持するために何をするかというと、多くの場合「足し算」ばかりではないでしょうか。こういったものを食べたほうがいいとか、こういったサプリを飲んだほうがいいとか。

何を摂るかより、まずは食べすぎ、飲みすぎ、そして働きすぎをやめませんか。

健康を維持するためには、**「足し算」より「引き算」**という教えです。

さて、もし今あなたが不健康な習慣を続けているとして、その状況を変えたいなら、まずは自分が変わるしかないですよね。

過去と他人は変えられない。今と自分なら変えられる。

だからいくら不満を言ったところで、あなたが決められるのは「自分は何をするか」だけです。そう答えると次は、「変わりたいけど変われない」という相談をよくもらいます。


実は変われない人というのは、**変わらないことを自分で選んでいる**と言われています。

なぜか。


「不満」があるというのは実はウソで本当は大満足、というわけではありません。

変わらないと「不満」が続くのは本当でしょう。

だけど変わるとなると、今度は「不満」の代わりに「不安」の波が自分の心という名の部屋の中に押し寄せてきます。

良くも悪くも、これまでの予定調和ではなくなるのです。

変わらないと「不満」、変わることは「不安」

この「不安」を、「不満」以上にこわがるから、人は結局（時に無意識に）変わらないことを選んでしまうのでしょう。

本気で変えたいなら、次のようなステップを踏む必要があると思います。

①まず「変わる」と固く心に決めること
②言い訳・人のせい・できない理由探し（並べ）という3つの悪癖とオサラバすること
③退路を断って、背水の陣で挑むこと

よくよく考えると、オチのわかっている映画を見ることほど、つまらないこともありません。

それに、「不安＝ワクワクドキドキ」でもあるということを、尊敬する人が教えてくれました（「吊り橋効果」というものもあります）。

「不安」を思春期の恋愛のようなワクワクドキドキととらえて、変わる道を選ばなければ一生出会えなかった「まだ見ぬ自分」に恋焦がれるぐらいの気持ちで、楽しんでもいいのかもしれません。

そもそも僕はとてもビビりで、メンタルも弱い。

ゴキブリを見かけたら誰よりも大きな声で叫びながら跳び上がるし、食べすぎたり飲みすぎたりした後は体重計に乗るのがこわいし、こわい顔をしている人とは目を合わせたくない。

同じ作業を繰り返していると気が狂いそうになって、バイトは1日でやめたことがあるし、満員電車に耐えられないから1時間ぐらいの距離なら電車に乗らないで歩いているし、自分がやりたいようにしかできないから雇用されるということができない。

そんなビビりでメンタルの弱い僕が何で行動し続けているかというと、**やらないほうがこわい**からです。

「後悔の性質」というものを、よく理解しているからです。

やった後悔は、直後は考えるけど、時間が解決してくれるし、やった自分なら誇りに思えます。

やらなかった後悔は、直後は気づかないけど、時間が経つにつれ大きくなっていきます。

治ることのない虫歯のように、死ぬまであなたを苦しめ続けます。

「あのときなぜやらなかったんだろう」が、頭の中をグルグルと飛び回り続けます。

やらなかった自分を誇れることもありません。こんなにこわいことはない。

やった後悔のほうが、直後は大きいというのがクセモノです。

人はとにかく、先延ばしにしたがる生きものだから。

だけど、その代償はとてつもなく大きいです。

「やらない」ほうがよっぽどこわいから、それに比べればまだマシな「やる」というほうを僕は選びます。

ただただ、「楽しい」や「やりたい」だけでやれていることもあります。

今振り返ってみれば、こわいと感じたときほど、自分は成長できました。

「やらないこわさ」についても、本気で考えてみてください。

そうすれば、選択肢は自ずと決まってくると思いますから。

キレイゴトの報酬

人のために何かすると見返りはありますか？

大谷翔平選手が、日本のすべての小学校にグローブを寄付することを発表し、これが世界中で大きな反響を呼びました。

ミャンマーで孤児を受け入れているある寺院を訪ねたことがありますが、毎月日本円にして1000万円を超える寄付金が集まるそうです。

僕は20代のときは、「TAKER(受け取る人)」だったと思います。

「自分にメリットはあるのか」

「自分はこんなにやってあげてるのに」

そう考えることが多かったです。

しかし、むしきんさんと言う、「GIVER(与える人)」のお手本のような方に出会い、その方と、その周りの方たちとの間で幸せが循環し、幸せの総量が大きくなっていくさまから、たくさん学びをもらいました。

「自分には何ができるだろう」そう考えて、即実行するようになりました。

僕は自分のことを良い人だとは思っていません。

だからこの変化は、僕が良い人になったというわけではなく、ただ「幸せになるための近道」がわかっただけだと思います。

自分の周りの人が喜んで、笑顔でいてくれたら、自分も嬉しい気持ちになる。

逆に、自分が喜んで笑顔になっても、周りがそうじゃないときは、自分の笑顔もすぐに消える。

だから自分が笑顔になりたかったら、まず周りの人を笑顔にする。

樺沢紫苑先生の『精神科医が見つけた3つの幸福』にもこうありました。

〝ドーパミン、セロトニン、オキシトシンが十分に分泌されている状態で、私たちは「幸福」を感じる。〃（P．22）

〃セロトニン的幸福とは、一言で言うと、健康の幸福。心と体の健康です。オキシトシン的幸福とは、つながりと愛の幸福。友情、人間関係、コミュニティへの所属などの幸福です。ドーパミン的幸福とは、お金、成功、達成、富、名誉、地位などの幸福です。〃（P．24）

〃セロトニン的幸福をないがしろにして、ドーパミン的幸福を目指すと、メンタル疾患や身体疾患に陥るのだと。幸福になるどころか「不幸」になってしまうのだと。〃（P．27）

〃「親切をしよう！」「人の役に立とう！」という意志、意図をしっかりもって、積極的に親切をすることで、オキシトシンが出る、幸福度が上がると考えられます。〃（P．210）

人の役に立てたと思ったとき、自分の心が温かくなるのを感じた経験は誰しもがあると思います。

見返りを求めてしまう気持ちも十分にわかります。

だけど、人が人に対してできる最高のお返しは、「喜んだ顔を見せる」ことだと最近つくづく思います。


僕も最近、人に何かをするときは、「その人のため」ではなく、**その人の喜んだ顔が見たいという自分のため**と思えるようになりました。


「モチベーションは何ですか？」という質問もよく頂きます。

「自分を好きでいたい」

そう答えています。


見返りというときに、「お金」を真っ先に思い浮かべる人が多いように思います。

だけど、「お金」はあくまで「手段」で、**「目的」は「幸せになること」**のはず。

いくらお金があっても、人に賞賛されても、自分のことを嫌いになったなら、もう幸せにはなれない。

反対に、お金がそれほどなくても、人に賞賛されなくても、自分のことが好きなら、幸せでいられる。

自分自身のこれまでの経験から、そう思っていました。

だから、幸せになりたいなら、自分のことを好きでいられることをする。

それが**「キレイゴトの報酬」**です。

参考文献
樺沢紫苑『精神科医が見つけた３つの幸福 最新科学から最高の人生をつくる方法』飛鳥新社、２０２１年

世界を大きくすれば悩みは小さくなる

小さなことで
くよくよ悩んでしまう……

「目の錯覚」というものがあります。
次の図の黒い丸（＝悩み）は、上と下、どちらのほうが小さく見えますか？

実はどちらも同じ大きさです。
それにもかかわらず、人間の目には下の黒い丸のほうが小さく見えるそうです。
これは見た目の話ですが、心の目にも同じ現象が起きると僕は思っています。
例えば、「悩み」。

悩みの元になっているものそのものは、全く変えられなくても、**「自分の世界」が広がれば、悩みは小さくなります。**
悩みの元になっているものは、変えられる場合もあれば、変えられない場合もあると思います。むしろ、変えられない場合のほうが多いかもしれません。

だから、悩みの元そのものを変えようとするより、自分の世界を広げるほうが手っ取り早いのです。

海外にいると、日本の情報が入って来ません。だから、日本の情報で欲しい情報があれば、自分で取りに行かなければいけません。

そう考えると、**ほとんどのことはどうでも良い**ことだと気づきます。「何であんなにちっぽけなことで悩んでいたんだろう」みたいな感じですね。これが、「自分の世界」が広がって、相対的に「悩み」が小さくなっている状態です。そして、そこで初めて、**どうでも良くないこと（＝大切なこと）にも気づけます。**

ではどうやったら自分の世界を広げられるのかというと、キーワードはやっぱり「新しい」かと。

・新しい人に会う
・新しいコミュニティに参加する

・新しい趣味を持つ
・新しい習い事を始める
・新しい本を読む
・新しい歴史を学ぶ
・新しい映画を観る
・新しい場所に行く
・新しい国に行く

などなど、片っぱしから試してみましょう。

人間はある環境下に身を置くと、その環境に適応する力を持ちます。
だから**違いを生むのは、自分の身をその環境下に置き続けられる「勇気」**だけです。

「自立」とは依存しないことではなく、依存先が多いこと

人に頼れず、
自分がしっかりしなくては
いけないと思う。

「1番勇気がいる言葉」って何だと思いますか?

それは、「ごめんなさい」でもなければ、「ありがとう」でもない。

「好き」でもなければ、「愛してる」でもない。

「1番勇気がいる言葉」は、「助けて」だと僕は思います。

今の日本には、人を頼れず、自分ですべてをやろうとして余裕がなさすぎる人がとても多いように見えます。僕自身もそうでした。

〝人間関係や収入源、趣味、行きつけの店にいたるまで、分散させることによって安定する(パートナーシップだけは別かもしれない)〟

熊谷晋一郎さんという、脳性まひを抱えながら小児科医をされている方の言葉です。

「自立＝依存ゼロ」だと考えていた僕にとって、**「自立＝依存先の数が多いこと」**という考え方は衝撃的でした。

彼自身、脳性まひを抱える中、「母親がいなければ死んでしまう」というように考えていたといいます。

しかし思いきって1人暮らしを始め、友人など、「依存先」が増えていく中で、自立されたようです。

確かに親離れの過程というのは、友達や先生など、他の人間関係が増えていくことかもしれません。

経済的自立に関しても同じことが言えます。

社会が不安定になり、生活も苦しくなる中で、「収入源は3つ持つべき」と言われるようになりました。アメリカではリーマンショックの後、3つどころか7つ持つべきだと言われるようになりました。

収入源、ひいては仕事や顧客をごく限られた数に依存している状態は不安定だといいます。

趣味やリラックスの方法もそうだろうし、行きつけの店や、かかりつけのお医者さんみたいな話もそうかもしれません。

不登校が減らない理由の1つにも、教育の選択肢が少ないというのがあるように思います。

僕は、たくさんの人に頼って生きています。

日本を周っているときも、海外に行くときも、困ったら助けてもらうことでどうにか成り立っています。自分のスケジュール管理すら、人にお願いしています。

思えば、僕のお母さんも人によく頼っていました。

実家が夜遅くまで銭湯を営んでいたので、どうしても早起きが必要な家族のイベントのときは、新聞配達の人に朝起こしてくれるよう頼んでいました。（笑）

勇気を出して「助けて」と言っても、誰も助けてくれないこともあるかもしれません。

人にも色々な事情があるので、「拒絶された」とか「嫌われている」なんて思いつめなくて大丈夫だと思います。

そして言い続けていれば、たいていの場合は助けてくれる人が出てきてくれるものです。

頼るときにもう１つ気をつけたいことがあります。

それは、**「余裕がゼロになる前に頼る」**ということです。

本当に余裕がゼロになったときは、「助けて」という余裕もなかったりします。

また、仮に「助けて」と言えても、助けたいと思ってくれた人から見たら、もうどうしようもない状況に陥っているときもあります。


「もっと早く言ってくれたら……」

僕自身、「助けて」と言うのが遅くて、こういう言葉をもらった経験が何度かあります。


1番勇気のいる言葉、「助けて」。

これが言える、自立した人になりましょう。

依存先を増やしていきましょう。

「生きる」の反対は「死ぬ」ではない

子育てしかしてないですが、世の中のためにできることは何かありますか？

助産師・内田美智子さんの著書に、僕が衝撃を受け、価値観が変わったものがあります。「死生観をアップデートして頂いた」といっても過言ではありません。

〝「生」の反対は「生まれないこと」。
その言葉は、分娩室で常に生と死に向き合っている私の心にストンと落ちてきました。実際に、生まれてくることができない子、数時間しか生きていられない子もたくさん見てきました。〟

生きているということは、**それだけで奇跡**なのだと心から思えました。
そして、生まれてきて生きているからには、やりたいことを思いっきりやろうとも、あらためて思えました。

世界の国々を周っていて、気づいたことがあります。

それは、**世界を変えてきたのはお母さんたち**だということです。

人はみんな、結果だけを見て、モノを言いがちなんだと思います。

例えば現在、日本の隣国である韓国では、学校給食はオーガニックで、しかも無償。それを知れば、「韓国いいなぁ」といった具合になりがちです。

だけど実際に現地に行って、現地で生きる人たちからその裏側というか、経緯の話を聞くとわかります。

多くの場合、「世界を変えてきたのはお母さんたち」だということが。

韓国の例もそうでした。お母さんたちが子どもの身を守るために行動し続けた結果だったのです。

アメリカのオーガニック給食推進の例もそうでした。

ドイツにも住んでいましたが、脱原発の裏側には、少なからずお母さんたちの姿がありました。

北欧で男女平等が進んだのも、お母さんたちが一緒になって家事をストライキした結果だったと現地で聞きました。

もう、あげるとキリがないほどです。


社会活動って、金銭的には全くもって割に合わないことが多いんですね。だから、僕が活動するのを見て、「何でそんなことしてるの?」とよく不思議がられます。

だけど、一生懸命に金儲けをしてる人を見て、「何でそんなことしてるの?」とは、誰もならないんです。

もし社会活動が、とてもお金が儲かるのなら、みんながこぞって取り組むことでしょう。

(僕からしたら、どれだけお金になろうが、自分がやりたいと思えないことに限られた命を使えるほうが不思議です)

さてここで「子育て」というものを考えてみると、これも「金銭的には」全くもって割に合わないといいます。

だけどお母さんたちは、これでもかというぐらい、いつも子どものことを考え、子どものために何かをし続けている。

考えてみると、「子育て」と「社会活動」ってとても相性がいいと思うわけです。

子どもを本気で守ろうとしたら、「自分さえ良ければいい」、「自分の子どもさえ良ければいい」は通用しないわけですよね。

社会や環境がメチャクチャだと、自分の子どもを守れる可能性は下がるわけですから。

だからお母さんたちは、金銭的には割に合わなかろうが、大変だろうが、社会を変えるために行動します。

そういうお母さんたちが繋がり、本当に社会を変えてきた。

そんな人間の歴史があるわけなんです。

子どもを守ろうとするお母さんほど強い生き物はいない。

そこには、ウソが入る隙間は毛の先ほどもなく、またその姿は、とても強く、気高く、美しい。

参考文献

内田美智子『お母さんは命がけであなたを産みました』青春出版社、2011年

大人のモノサシは子どもを測るには小さすぎる

どういう教育がいいと思いますか？

「良い子育て」「悪い子育て」
「良い教育」「悪い教育」
こんな言葉を聞くことが増えました。

だけど、子育ても教育も、あくまでも「手段」だと思うんです。

であれば、「目的」をハッキリさせない限り、「良い」も「悪い」もないと思うんです。「目指すところ」、「軸」と言ってもいいかもしれません。

目指すところがわかっていないと、迷走を続けるハメになりそうです。

イギリスに住んでいたとき、「子育ての目的は何ですか?」とイギリス人女性に聞いたことがあります。すぐに答えが返ってきました。

「子どもを1日でも早く自立させること」

単純明快で、すぐに答えられるということは、日頃からそれを意識して、大事にされているのでしょう。

自立のため、幼い頃から両親とは別の部屋で寝ますし、18歳を超えたら実家暮らしはもってのほかだと言っていました（状況が違うので日本との単純比較は難しいですが）。

ちなみに自分のお母さんに聞いたら、**「元気でいてくれたら、それだけでいい」**とのことでした。

また、ドイツに住んでいたとき、「教育の目的は何ですか？」とドイツ人に聞いたことがあります。

「たった1人でも反対できる人を育てる（戦争の悲劇を繰り返さないため、国家権力が暴走しないように）」と返ってきました。
そのため、ドイツでは「自分の意見を発言できたか」などで学校の成績の60％が決まるそうです。

では、日本の教育の目的は何でしょう？

日本の教育が良くないという人もいますが、例えば目的がもし「時間を守る人を育てる」などであれば、大成功と言えます。
だけど、目的がもし「自己肯定感の高い子を育てる」であれば、失敗していると言えます。

日本の教育の目的を、文部科学省のホームページから抜粋してみました。

人格の完成をめざし、平和的な国家及び社会の形成者として、（以下の徳目を有する）心身ともに健康な国民の育成を期すること。
①真理と正義を愛し、
②個人の価値をたつとび、
③勤労と責任を重んじ、
④自主的精神に充ちた

②の「個人の価値をたつとび」というよりは、かなり全体主義が強くなっていると思います。④の「自主的精神」もかなり改善の余地がありそうです。

一方で、③の「勤労と責任を重んじ」はその通りになっていると思います。

また、「心身ともに健康な」とありますが、その目的のためには「食の勉強」がかなり不十分のように感じます。

そして、全体を通して、これらを目的と言うのならば、「ペーパーテストで80％の成績が決まる」はかなり矛盾を感じます。

僕は「カラオケ」は好きだけど、「採点モード」にされるのは嫌いです。数値化されるのが好きじゃないし、好きなように歌わず、それに合わせようとする自分も嫌いです。カラオケが常に採点モードであったなら、僕はとっくに歌うことが嫌いになっていたでしょう。

子どもが勉強を嫌いになる理由も、これと同じ場合が多いと思います。

元々はそれを好きでも、大人の偏見で数値化されるから、低得点な場合のストレスは想像を絶します。

デンマークは、特にデリケートな中学生までは、「テストと通知表を法律で禁止」にしました。シンガポールなども似たような道をたどっています。

もう、子どもを測れるという幻想と、それで管理しようとする古い考えはやめていくべきだと思います。

大人のモノサシは、子どもを測るには小さすぎる。

参考文献

文部科学省「昭和22年教育基本法制定時の規定の概要　第1条（教育の目的）」
https://www.mext.go.jp/b_menu/kihon/about/004/a004_01.htm

面白くないというけど面白くするのは誰なんだ？

学校・仕事が面白くない……

「何で勉強しなきゃダメなんですか？」という質問を、子どもからよくもらいます。
つまり、「勉強する意味」。

僕はそう聞かれたら、「生きる意味って何だと思う？」と逆に聞き返すようにしています。たいてい、何も答えは返ってこないです。
もちろん、「勉強する」と「生きる」はイコールではないです。

何を伝えたいかというと、
意味なんて誰かから与えられるものではない、自分で見出すものだということです。
それは勉強に関しても、生きるということに関しても、そうだと思っています。

逆に言えば、**誰かが何かに意味づけをしてきたとしても、それがあなたにとっての意味でなくてもいい**のです。

特に子どもの頃は、「勉強しろ」と言われることが多いので、その意味を問いたくなるのは自然なことだと思います。

国家など、集団としては、「みんなに勉強してもらうことで、社会が円滑に機能する」などの理由があるのかもしれません。

だとしても、あなた個人としての意味は、あなた個人が見出せばいいのです。

勉強は、何が何でもやらないといけないものではないと、僕は思います。どうしても何の意味も見出せないというのなら、やらないという選択もアリなのかもしれないです。あなたの人生はあなたのもので、責任は誰もとってはくれないのだから。

だけど、もし意味を見出せたなら、それは素敵なことだと素直に思います。

僕は最近、「生きる意味」が1つ増えました。

フィリピンにあるセブ島の、ある子どもの里親に自分がなったからです。
このように「生きる意味」を増やすこともできます。

日本の不登校児童生徒の数は約30万人と、過去最多になりました。
学校に行かない選択をしている子どもたちと話すと、「面白くない」と言います。

確かに、今の日本の学校教育には素晴らしいところもある一方で、改善すべき点もあるでしょう。学校以外の色々な選択肢を増やしていくべきだと思います。
それらは大人の責任だと思うから、僕もできる限りのことをやっています。

その上で思うのは、**「面白くするのは誰なの？」**ということ。

——**「自分」じゃないの？**

ＹｏｕＴｕｂｅをずっと見ている子どもが（大人も）増えています。

さぞかし楽しいでしょう。再生回数が増えれば、たくさんのお金が入ってくるから、動画をつくっている側はそれこそ死に物狂いでやっています。

ＹｏｕＴｕｂｅを見ること自体を否定する気はありません。だけど、「周りがタダで自分を楽しませてくれる」ということに慣れすぎたり、それがあたりまえになってしまったりすることには警鐘をグワングワンと鳴らしたいです。

面白くするのは、自分自身だよ。

自分で面白くする力を身につけていかないと、人生はずっと面白くないし、それすら周囲のせいにし続けるだけの人生を送ることになります。

人生は相当面白くない。
だからムリヤリにでも自分で面白くするんだ。

日本のikigai（生きがい）が世界で流行っている？

日本のスゴいところはどこだろう。

日本語の「生きがい」という言葉が、海外で大ブームになっているようです。

〝ｉｋｉｇａｉ〟という名を冠した本はベストセラーを記録しました。

世界幸福度ランキングでは、北欧のデンマークが2位を記録しました。しかしイギリスのとある大学の教授はこう話しているといいます。

〝デンマークの「楽しい・居心地が良い」という幸福感より、日本の「ｉｋｉｇａｉ」のような幸福感のほうが深くて素晴らしい。〟

〝ｉｋｉｇａｉ〟には、自分が満足するだけでなく、社会貢献というニュアンスが含まれているといいます。

思えば日本には昔から、社会貢献を大切にする考えが根付いています。

「三方良し」なんかもそうです。これは、売り手と買い手が満足するのはあたりまえで、社会に貢献できてこそ良い商売だ、ということを意味します。

〝ｉｋｉｇａｉ〟に関して言えば、自分が行っていることが、次の4つの要素を満たしたとき、人の「生きがい」は最高潮になるといいます。

①好きなこと
②得意なこと
③収入を得られること
④社会が必要としていること

ただ、自分の〝ｉｋｉｇａｉ〟がわからず、モヤモヤしながら、「何かを変えたい」という人もよく見ます。

そんなときオススメしたいのは「ゼロベース思考」です。

昔、家があった頃に僕がよくやっていた、「断捨離」の方法をご紹介します。

その空間（部屋なら部屋）にあるモノを、可能な限り、いったんその空間の外に出し、空にします。そして、出したものの中から、必要だと思うモノだけをピックアップして、その空間に戻します。

それ以外のものは全部捨てる、というものです。

その空間の中だけで、1つひとつのモノを手に取り、「コレまだいるかも……」などと考えていると、なかなかモノが捨てられません。だけどこの、1度その空間を空にするという方法をとると、不思議とモノが捨てられます。

これを「ゼロベース思考」と呼ぶとしましょう。

つまり、**今の24時間の自分の時間の使い方をベースに考えない**ということです。

もし明日から、時間もお金も限りなく使えるとしたら、自分は何を成したいだろうか。

「自分は、制限がなければ本当は何がしたい人なのだろうか」
これを徹底的に考え抜くんです。
考えて考えて考えて、それでもそれがわからないなら、それは材料が足りないからです。
材料を集める方法は１つしかありません。

行動することです。

そして、「自分は本当は何がしたい人なのか」がわかったら、それと現状とを比べます。そうすると、今は何が過剰で、何が不足しているかがわかります。そしてその過剰な分は引き算して、不足している分は足し算します。

理想と現実のギャップを埋める作業は、簡単なことではないと思いますが、そもそもそのギャップが何かすらもわからずモヤモヤしている状態よりは、前進しやすいと思います。

「自分は、制限がなければ本当は何がしたい人なのだろうか」

参考文献

Keira Miki『Ikigai: Japanese Art of staying Young.. While growing Old』Diamond Pocket Books (P) Ltd. 2022

命も使わないと意味がない

やりたいことがあるけど
一歩が踏み出せない。

僕はモノをあまり持っていません。

ここ何年もホテル暮らしですが、所有物のすべてが、バックパック1つにおさまるほどです。高価なものもほとんど持っていません。

(強いて言えば、ノートパソコン)


さてこのノートパソコン、高価だからと言って、「使うのがこわい!」とどこかにしまって、僕が一切使っていなかったらどう思いますか?

「バカか? 使わないと何の意味もないだろ」

そう思いますよね?


命もそれと同じで、**使わないと意味がない**と思うんです。

命を使わないというのはどういうことかというと、**「○○したらどうしよう?」と、まだ起きてもいないことや、リスクをこわがったりして、**

行動しないこと。

「生きる」ということが、ここぞというときが来るまで、先延ばしにできるような類のものであれば、大事にしすぎるのも良いかもしれません。

だけど、**命という砂時計の砂は、止まってはくれない**のです。

命を使っていようと、大事にしまっていようと、いつか等しく終わりが来るのです。
今この瞬間も、命の砂時計の砂は、止まることなく落ち続けているのです。
それに、ジーンズみたいなもので、命も使い倒してやっと味が出てくる。

命を使って生きている人ほど、味があるなぁと思いますし、逆に、命を大事にしまっているだけの人は……
この差は、年齢を重ねるほど出てきます。

そして、何よりも大切なのは、**「自分の命を何に使いたいか」、それを自分でわかっている**、ということだと思います。

その命の使いみちのことを、**「使命」**と呼ぶのでしょう。

「○○ってしたほうがいいですか?」
「○○ってあったほうがいいですか?」
「どうすればいいと思いますか?」

こういう質問を本当によくもらいます。だけど、「その人自身が本当に望むもの」がわからないまま、そんな質問には答えようがないです。

例えるなら、目的地を知らされていないのに、ベストな交通手段について聞かれているようなもの。

学歴・資格・語学・お金・起業・活動・政治・発信……

こういったものはすべて、「手段」でしかないです。

「目的」がハッキリしていないのに、ベストな「手段」など選びようがないです。

そして、目的、つまり「あなた自身が本当に望むもの」は、あなたにしかわからないのです。

「世界で最も影響力のある女性」とも称されるアメリカの司会者、オプラ・ウィンフリー。彼女は「うまくいっている人の共通点」を聞かれ、こう答えました。

〝人がなぜ目指す場所にたどり着けるかというと
目指したい場所がわかっているから
ほとんどの人は「自分がどこにたどり着きたいか」わかっていない
自分の思い込みの「やってはいけない」「やらないといけない」

他の人が言ってくる「やってはいけない」「やらないといけない」
昔から集めてきた「偏見のコレクション」に縛られている

しかし人生における最も重要な問いは
「自分自身が本当に望むものは何なのか」ということ
「自分が本当に望むもの」をハッキリさせて
自分の行動や選択のすべてをそれに向ける
そうすれば生きる力というものが湧いてくる

多くの人が混沌した人生を送るのは頭の中が混沌としているから
「自分が本当に望むもの」さえハッキリすれば世界は光で満ちる〟

("The most important question you can ask yourself is: what do I really want?"
Oprah Winfrey)

衝撃でした。共感しかないです。

「自分自身が本当に望むもの」、たどり着きたい場所さえわかってしまえば、後は歩みを続けるだけ。そこには迷いも立ち止まりも悲観もない。

自分の人生を変えられる人や、社会を変えられる人は、保証などなくても行動できる人。こんな混沌とした社会においても、行動する人を僕はたくさん知っています。そしてその何十倍も何百倍も、行動しない人がいることも事実でしょう。

だからそんな中で大切なのは、**「あなた」はどうありたいのか。**
これに尽きるのだと思います。

「あなた」は何をするのか。
あなたが決められるのは、これだけなのだと思います。

行動したところで、大きくは変わらないかもしれない。だけど、行動していれば大きく変わったのに、行動しなかったことでそれが成せないかもしれない。

そのどちらであるかは、神のみぞ知ることでしょう。

ただハッキリしていることは、行動しさえすれば、「知識」や「経験」、「仲間」が得られるということ。

そしてそれ以上に、

「次の世代に胸を張れる生き方」

「自己肯定感（自尊心）」

こういったものが必ず手に入ることが保証されているということです。

そしてそれらこそが、一個人が得られる「行動したごほうび」としては、実は最良のものかもしれないです。

とはいえ、ほとんどの人はこの「自分自身の本当に望むもの」がわかっていないかもしれません。それは、「人生で最も重要な問い」なのだから、簡単に答えは出せないものなのかもしれないです。

とっかかりとしては、**「自分がワクワクすること」**からスタートしてみるのがいいと思います。

世界が何を必要としているかなんて、いったん考えなくていい。
自分がワクワクするものを追い求めればいい。
世界が必要としているのは、ワクワクしている人なのだから。
そのワクワクこそが、あなたがこの地球に来た目的なのだから。

エピローグ

「言行一致」という言葉があります。「言っていることと、実際の行いが一致していること」という意味です。

英語でも似たような言葉があります。「Practice what you preach.」という言葉。「人に説くことは、自分でも実践せよ」という意味です。

「子どもにどんな声かけをしたらいいか？」という質問をよくもらいます。

どんな声かけをするかよりも、あなたの日頃の行いのほうがよっぽど大事だと、心底思います。行動の伴っていない人の言葉ほど、虚しい響きをするものもないかと。

全国各地の学校から呼んでもらえるようになり、これまで約430校で10万人を超える日本の子どもたちに、学校講演をさせてもらいました。

講演をさせてもらったある中学校の生徒さんが、勇気を出して僕にメッセージをくれました。引用させてもらいます。


〝今まで学校でも似たような話をたくさん聞いてきましたが、すべてきれいごとにきこえて、共感できる内容ではありませんでした。

でも、あんなに前のめりになって話をきいたのは初めてでした。

ほんとに感謝しかないです。

私はこの前の講演をきき谷口さんのような活動をしたいです。

自分から何かをやりたいと思ったのは初めてでした。

谷口さんの講演をきいてこんな相談をするのは少しためらいましたが
どうなるかわからないこの夢を私は追いかけてもいいのでしょうか?〟

感謝しかないのは僕のほう。心が震えるほど嬉しかった。本当にありがとう。

「自分から何かをやりたいと思ったのは初めて」というところが特に嬉しかった。


ぜひ思いっきりやってほしい。

他の誰のためでもなく、あなた自身のために。

あなたの人生はあなたのものだから。


学校講演の度にたくさんのメッセージをもらいます。

「口で子どもに言うだけじゃなくて、自分が行動している大人の人を初めて見ました。感動しました」

子どもにそう言ってもらえることが多いです。子どもの多くは、大人は口で子どもに言うだけで、自分では行動しないと思っているようです。


僕もそんな大人の1人でした。

「大人は口だけ……」のようなことを僕も昔、ドイツで子どもに言われたことがあります。雷に打たれたような気がして、ハッと目が覚めました。
それが僕の活動の原点です。

メッセージをくれた子のように自分から変わると決めた子をたくさん知っています。こういう人が増えて、大人になってつくっていく未来を、いや、一緒につくる未来を見たいから、今日も全国でお話させてもらっています。
そんな僕の途方もない夢を、一緒に描いてくれる大人がたくさんいて、半年〜1年先まで講演の予定がたくさん入っています。

本当にありがとう。

僕の講演を聞いてくれたこういう子が大人になったとき、一緒にお酒でも飲みながら、それからの生き方を聞いてみたいなぁ。

「環境問題は大きすぎて、自分だけがやっても……」という声もたくさん聞きます。お気持ちはわからなくはないですが、『Regeneration リジェネレーション［再生］気候危機を今の世代で終わらせる』（ポール・ホーケン（編著）、江守正多（監訳）、五頭美知（訳）山と渓谷社、2022年）という本に、次のようにあります。

〝急激な変化が必要とされるとき、個人の行動がそれを誘発することは不可能だと、多くの人が言う。
だからそれをやってみようとしても無駄だと。
これこそまさに、真実とは真逆なのだ。
個人の行動が微力だからこそ、みんながやってみるべきなのだ。〟

1人だけでは変えられないけど、1人からしか変えられない。

僕は「1人だけで変えられると思っているロマンチスト」ではなく、「1人からしか変えられないと知っているリアリスト」。だから、1人ひとりを大切にしています。

そして最初の1人は、目の前の他人ではなく、鏡の中の自分。

「自分だけがやっても……」というのは結局のところ、「自分が行動しない理由を正当化する言い訳」という側面があるのだと思います。メッセージをくれた子のように、やる人はさっさとやります。

自分がやりたいのか、やりたくないのか――

結局はそれに尽きるのだと思います。

そこには、ウソも、言い訳も、駆け引きもいらないと思います。

自分はどんな人でありたいか。
どんな背中を次の世代に魅せたいか。

どう生きるか。

それに尽きるかと。

他人に嫌われないために、自分に嫌われるようなことでも平気でする人がいます。
しかし僕は、全くの逆を行ったほうがいいと思っています。

たとえ他人に嫌われようが、自分にだけは嫌われない生き方をする。

「自分のことを好きでいる」

あなたの人生において、あなた以上に大切な人などいないのだから。

谷口たかひさ

著者　谷口たかひさ

1988年大阪生まれ。10代の時に起業し、イギリスへ留学。卒業後、アフリカのギニアで学校設立に携わり、メガバンク／M&A／メディアのコンサルタント、グローバルIT企業の取締役を経験した後、社会課題解決を志してドイツへ移住し、起業。

2019年、ドイツで気候危機の深刻さを目の当たりにし、「みんなが知れば必ず変わる」をモットーに、気候危機に関する講演を開始。その中で、最大の脅威は「他の誰かが何とかするだろう」という思い込みであることを感じ、自己肯定感も講演内容に加える。

世界中から講演に呼ばれるようになり、日本では1年で500回以上、全都道府県での講演を達成。2021年には国連総会で司会とスピーチも務めた。

現在も講演を続けており、累計で16か国、2000回に。趣味は旅と勉強で、訪れた国は約100か国。保有資格は国際資格や国家資格を含め30個以上。

著書に『シン・スタンダード』（サンマーク出版）がある。

Instagram：@takahisa_taniguchi

ブックデザイン：井上新八
DTP：木蔭屋
校正：株式会社　文字工房燦光
企画編集：武田惣人

自分《じぶん》に嫌《きら》われない生《い》き方《かた》

2024年10月29日　初版発行
2025年 6 月25日　 7 版発行

著者／谷口《たにぐち》　たかひさ

発行者／山下　直久

発行／株式会社KADOKAWA
〒102-8177　東京都千代田区富士見2-13-3
電話　0570-002-301（ナビダイヤル）

印刷所／株式会社ＤＮＰ出版プロダクツ

製本所／株式会社ＤＮＰ出版プロダクツ

●お問い合わせ
https://www.kadokawa.co.jp/（「お問い合わせ」へお進みください）
※内容によっては、お答えできない場合があります。
※サポートは日本国内のみとさせていただきます。
※Japanese text only

定価はカバーに表示してあります。

ISBN 978-4-04-607168-2　C0030